中公新書 2045

大竹文雄著

競争と公平感

市場経済の本当のメリット

中央公論新社刊

プロローグ　人生と競争

もしあなたが漁師だったら

あなたが漁師だったとしよう。あなたは、サラリーマンのように毎日八時間漁に出かけるような仕事の仕方をするだろうか。

サラリーマンではないのだから、毎日、働く時間を変えるという人も多いだろう。きちんと計画を立てることが好きな人なら、一日の目標漁獲高を決めて、漁に出かけるかもしれない。魚がなかなか獲《と》れない日は、目標に到達するまで長時間仕事をして、大漁の日はすぐに目標を達成できるのでさっさと引き上げてくる。一方、魚が獲れそうもない天候の時は仕事を休んで、魚の大群が来て天候もいいという日に漁に出かけるという人もいるだろう。

でも、漁師の仕事はきつくて、どの働き方の漁師も一週間の労働時間は四〇時間だとしよう。毎日天候がランダムに変化しているとしよう。この時、毎日八時間タイプ、目標漁獲高タイプ、大漁時集中タイプのどの漁師が、一週間での漁獲高が一番多くなるだろうか。

毎日八時間きっちり働く人や毎日の目標漁獲高をきちんと決めている人が、漁獲高が多いように思えるかもしれない。しかし、答えは大漁の時に集中して働くタイプである。つぎに漁獲高が多いのは毎日八時間働く漁師、一番少ないのは目標漁獲高を決めている漁師である。なぜなら、一週間で働く労働時間が決まっているのだから、最も魚が獲れる時間に集中的に働いたほうが、魚が獲れない時間に長く、魚が獲れる時間に短く働くより、より多くの魚が獲れるからだ。

若手芸能人や歌手が売れっ子になると、ほとんど寝る間もないほど働き続けるのも、同じ理屈だ。人気がいつまで続くかわからない以上、仕事の依頼がある時には、睡眠時間を削ってでもできるかぎり引き受けて、人気がなくなった時に十分休めばいいのだ。

短期目標の損得

一日の目標金額を決めて仕事をすると、お金を貯《た》められないだけではなく、大損をしてしまうことにもなりかねない。ツイていない日に目標達成をあせって無理をすると、怪我《けが》をするかもしれない。一日の目標額を決めてパチンコや競馬に出かけていくのも、それと似ている。ギャンブルで毎回の損益を絶対マイナスにしないように、決めているとしよう。競馬の最終レースまでの間に負けが込んでいたなら、最終レースで大穴を狙《ねら》いにいってしまうかもしれない。パチンコで三時間やって負けていた場合も、大当たりを狙って、もう一時間挑戦してしまうかもしれない。どちらも、とても危険な行動だ。毎日の目標額を決めて行動するという「計画的な態度」が、悲惨な結果をもたらしかねないのだ。

このように「計画的」にみえるのに、うまくいかないのは、計画の期間が間違っているからだ。人生はその日一日で終わるわけではない。ツイている時もあれば、ツイていない時もある。長期的にみれば、ツイている時に頑張って、ツイていない時には他のことをしたほうが得なのだ。計画をもっと長期の観点で立てて、日々の計画は長期の利益を最大にするように行動すればいい。

でも、実際には、長期の計画を立てただけでは、

それをうまく実行できないことが多い。そのため、短期の計画も同時に立てて、それをチェックしていくことで、長期計画を達成しようとしてしまう。人はどうしても短期計画に縛られるのだ。

五年で六〇〇万円を貯める必要ができたとする。所得が多い時に貯金を多めにして、少ない時は貯金をしないというかたちをとれば、一番無理なく、六〇〇万円を貯めることができるだろう。しかし、「ある時」に貯めるという計画は、得てして守られないことが多い。むしろ、毎月一〇万円を強制的に天引き貯金にしておいたほうが確実かもしれない。こうすれば、給料が低い時は、苦しい生活をすることになるが、確実に五年後に六〇〇万円を貯めることができる。この方法がうまく機能することが多いので、人間は短期計画の達成に集中してしまうのだろう。でも、世の中には短期計画の達成に集中することが馬鹿げている場合も多い。

タクシー運転手の仕事法

人はどの程度「その日暮らし」の計画に縛られているのだろう。カリフォルニア工科大学のキャメラー教授らは、ニューヨークのタクシー運転手の労働時間と時間当たりの売上高の関係を調べてこのことを確かめている。[1]タクシーの運転手の時間当たりの売り上げは、雨の日か晴れの日か、大きな会議があるか否か、気温はどうかなどの要因で毎日変動している。

漁師の例でみたとおり、お客さんがつぎつぎと乗ってくる日には長時間働いて、お客さんがいない日には早めに仕事をやめて休むほうが、毎日一定の金額を目標に働くよりも少ない労働時間で同じ所得を稼《かせ》ぐことができるはずだ。

キャメラー教授らはタクシー運転手の乗務記録を用いて、天候などの要因を考慮しても、ニューヨークのタクシー運転手の多くは、時間当たりの売り上げが少ない日に長時間働き、時間当たり売り上げが多い日に短く働いていることを明らかにした。しかも、このような傾向は、経験が浅い運転手に典型的にみられ、ベテラン運転手にはあまりみられないことも明らかにしている。つまり、ニューヨークのタクシーの運転手の多くは、一日の目標売上額を決めていて、その売り上げに達すると仕事をやめるというパターンで仕事をしていることになる。

ただし、この研究には有力な批判がある。プリンストン大学のファーバー教授は、キャメラー教授らの研究結果は見せかけの関係を示しているにすぎないという[2]。タクシー運転手の時間当たりの売上高は、本当に働いていた時間についての時間当たりの売上高ではない。働きだしてから途中で休憩していた時間も労働時間に含まれてしまう。そうすると実際には、タクシー運転手が車を流して客を捜していた時間は変わらなくても、休憩時間が長かった日は、時間当たりの賃金が低くなってしまう。その結果、賃金が低い時に長く働いていたという見せかけの関係が観測されてしまう。つまり、一日の売り上げが同じであっても、のんびりと働いていたら時間当たりの売り上げは低くなり、まじめに働いていたら時間当たりの売り上げは高くなる。この関係を取り出しているだけだというのだ。

ファーバー教授は、タクシー運転手が一日の目標売上高を守るように労働時間を決めているのかどうかを、より直接的な方法で確かめた。つまり、タクシーの乗務をはじめてから何時間後に運転手がその日の仕事をやめるかが、その時間までの売上高に依存しているかどうかを同じくニューヨークのタクシー運転手の乗務記録から統計的に調べたのである。その結果、タクシーの運転手は、長い時間働けばその日の仕事をやめる可能性が高くなるが、いくら稼いだかは影響しない、ということを明らかにした。

ファーバー教授の結果のほうを信頼すれば、タクシー運転手は一日の売り上げ目標を立てて仕事をしているのではないが、忙しい日は売り上げも多いが疲労も多いので短時間でやめて、暇な日は長く乗っていても疲れないということや、実際の労働時間の測定方法に問題があることがキャメラー教授らの結果をもたらしたということになる。

タクシー運転手の行動は本当はどちらなのだろうか。私はタクシーに乗るたびに失礼にならないように、運転手の方にインタビューを心がけているが、はっきりとしたことはまだわからない。

スピード競争をする漁師

ジャーナリストの一ノ口晴人氏によれば、日本の漁業規制が、漁師たちに歪《ゆが》んだ競争をさせているそうだ。漁師たちは、漁船の船体を新しくするよりは、古い船体に高性能のエンジンやGPS（グローバル・ポジショニング・システム）を搭載して、漁場までのスピード競争をしているというのだ。[3] 漁師が人よりも早く漁場に着いて漁をしたいと思うのは当然だと思うかもしれない。しかし、もし後で説明するような規制がなければ、漁師がそのようなスピード競争に励むのは、必ずしも合理的ではない。

そのことを説明するために、つぎの問題を考えていただきたい。

質問　あなたが漁師だったとしよう。一定の労働時間で、最大の所得を得るにはどのように働くべきだろうか。

1　毎日決まった時間に漁に出て、決まった時間漁をする。

2　魚が多く獲れそうな天候の日に長時間漁をして、そうでない日は他のことをする。

3　魚が少ない日に集中的に漁をする。
4　誰よりも早く漁に出て、魚が獲れなくなるまでがんばる。

冒頭では、1と2を比較して、同じ総労働時間なら2のほうが漁獲量が高くなることを説明した。サラリーマンのように毎日定時に漁場に行ったところで、魚が獲れるわけではない。どうせ同じ時間働くなら、魚が多く獲れる日に集中的に働くほうがいいのである。

では、3や4の選択肢があればどうだろうか。3は、魚がいない日に集中的に働くというのは、2とはまったく反対の戦略で、明らかに漁獲量は最低になるはずだ。しかし、所得が最低になるかどうかはわからない。なぜなら、漁獲量が多い日は魚の値段が下がるという効果もあるからだ。魚が獲れない日は、一匹当たりの魚の値段が上がる。不漁の時は、時間当たりの漁獲高が減るかもしれないが、一匹当たりの値段が高い時に魚を獲ると時間当たりの所得は高くなるかもしれない。

実は、右の四つの選択肢には、正しい戦略が書かれていない。正しい選択肢は、「時間当たりの所得が高い日に長時間漁をすること」というものであり、それが漁師にとっての所得最大化行動なのだ。

4の戦略は、どのように考えるべきだろうか。この戦略は、天候も何も考えず働く方法で、あまり賢い戦略ではないように思えるだろう。しかし、現実には日本の漁師はこのような行動をとっていると一ノ口氏は指摘する。

なぜ、日本の漁師はこのような非合理と思えるような行動をとるのだろうか。それは、漁業では獲れるだけ魚を獲ってもいいのではなく、漁業資源を守るための規制が存在するからだ。具体的には、魚種ごとに総漁獲可能量（TAC）が決められて資源管理が行なわれている。日本の沿岸漁業では、オリンピック方式という資源管理が行なわれている。オリンピック方式では、漁期と漁獲量の上限が決められているだけである。漁民は、漁期が始まると一斉に漁をはじめ、漁獲枠が一杯になると漁期が終わるのである。まさにオリンピックと同様、漁獲競争をして、一番早く一番多く獲ったものが最大の所得を得られる仕組みだ。ゆっくりしていては、魚を獲らないうちに漁期が終わってしまう。みんなが一斉に魚を獲ると値段が下がることがわかっていても、漁師は誰よりも早く漁場に行くことを目指し、漁期の最初の頃に集中して獲るのである。そのために、船の本体がぼろぼろであっても、スピード狂のように高性能エンジンを積み、GPSを装備するのだ。スピードさえ落とせば、原油の値段が上がっても十分に漁をすることができるにもかかわらず、スピードを落とすことができない仕組みになっている。

では、魚資源の管理の方法として、オリンピック方式以外のものはないのだろうか。個別割当方式（ＩＱ方式）や譲渡可能個別割当方式（ＩＴＱ方式）が知られている。個別割当方式というのは、総漁獲可能量として決められた漁獲高の総枠を、漁師や漁業団体あるいは漁船ごとに、個別に配分する方法である。ＩＱ方式では配分された枠の譲渡ができないが、ＩＴＱ方式ではその枠を他人に譲渡してもかまわない。枠の個別配分の決定方式が問題になるものの、効率性の面では、どう考えてもＩＴＱ方式のほうがオリンピック方式よりも望ましい。

漁師たちは、所得が最大になるように漁に出ることを考えるはずだ。そうすると、漁獲高の日々の変動も結果的に小さくなり、漁師の所得変動も小さくなる上、消費者にとっても魚の価格変動が小さくなる。それに、変なスピード競争をする必要もない。自分の漁獲枠のもとで所得が最大になるように漁に出ればいいだけだからだ。非効率な漁師は、自分の漁獲枠を他人に譲渡したほうが所得は高くなるだろう。そうすると効率的な漁師に漁が集中することになる。この結果、漁師の数は減るかもしれないが、日本の水産業は残ることになる。

オリンピック方式がいかに馬鹿げた制度であるかは、二酸化炭素の排出権を考えてみればわかる。地球温暖化防止のために、二酸化炭素の排出権の日本全体の総枠が決められたとしよう。これを年当たりの総枠としてオリンピック方式で行なうと、日本の企業は一月一日から一斉に操業をはじめ、二酸化炭素の排出総枠が日本全体でなくなるまで生産を続けることになる。誰が考えても変な制度である。個別企業に二酸化炭素の排出権を与え、その権利を譲渡できるようにして排出権取引市場で売買させるか、日本全体の二酸化炭素の排出枠に合うよう炭素税をかけて、炭素の使用を抑えるという方法をとったほうがいいに決まっている。奇妙なインセンティブ（誘因）をかけられている漁民も、その結果高い魚を食べさせられている消費者も、オリンピック方式という規制の犠牲者なのである。

漁師の働き方を考えてみると、規制がある場合とない場合、または他の漁師との競争関係で、経済合理性にもとづいた働き方がずいぶん違ってくることがわかる。また、非合理性の程度によって、望ましい働き方も異なってくることもわかるだろう。

つまり、漁師の働き方は、合理性やインセンティブの与えられ方で、まったく異なるものになる。その上、価値観も大きな影響を与えるだろう。いくら特定の働き方が金銭的に望ましいとわかっていても、特定の時間は働くべきでないという強い価値観をもっていれば、その価値観を優先することになるからだ。

市場競争とは、いわばインセンティブの与えられ方の一つである。厳しい競争にさらされるのはつらいかもしれないが、私たちは競争そのものの楽しさや競争に打ち勝った時の報酬があるから競争に参加する。しかも、市場競争を通じた切磋《せっさ》琢磨《たくま》は、私たちを豊かにしてくれるという副産物をもたらす。

一方で、市場競争の結果、格差が生まれてしまうのは事実である。経済学者の多くは、市場競争で豊かさを達成し、その成果を分配し直すことで格差に対処するべきだと考えている。しかし、市場競争によってより豊かになるよりも、公平や平等を重視するという価値観を優先する人もいる。ただし、競争そのものを制限して本当に公平な世の中が達成できるかどうかは怪しい。競争を制限することの本当のコストを理解した上で、市場競争を否定しているかどうかもわからない。人によって価値観が違うのは当然だが、正しい知識をもとに、自分の価値観と照らし合わせて、世の中の仕組みを作っていく必要があるだろう。

インセンティブの仕組みとしての市場競争は必ずしも万全なものではないが、否応なしに私たちは市場競争と付き合っていかざるを得ない。私たちは競争と公平感の双方を考えながら望ましい社会のあり方を模索しているのである。本書では、市場競争と公平感という観点から、私たちの社会の特性を議論していくことで、市場競争とのより良い付き合い方を考えるヒントを提供したい。

1 Camere, Babcock, Loewenstein and Thaler（1997）
2 Farber（2005）
3 一ノ口晴人（二〇〇九）

競争と公平感

目次

競争と公平感

市場経済の本当のメリット

I 競争嫌いの日本人

●なぜ日本人は競争が嫌いなのか？
●競争の好き嫌いは何で決まるのか？
●競争のメリットとは何だろうか？

1　市場経済にも国の役割にも期待しない？

市場競争と再分配

「市場による自由競争によって効率性を高め、貧困問題はセーフティネットによる所得再分配で解決することが望ましい」。これは、どんな経済学の教科書にも書いてあることだ。実際、ほとんどの経済学者はこの市場競争とセーフティネットの組み合わせによって私たちが豊かさと格差解消を達成できると考えている。ところが、この組み合わせは日本人の常識ではないようだ。

日本では、格差問題は規制緩和によって発生したと考えている人が多い。格差を解消するためには、行きすぎた規制緩和をもとに戻すべきだというのが標準的な議論になっているのではないだろうか。しかし、こうした考え方は、経済学者からみるととても違和感がある。

市場競争で格差が発生したら、それに対する対策は基本的には二つである。第一に、政府による社会保障を通じた再分配政策によって格差を解消することであり、第二に、低所得の人たちに技能を身につけさせて高い所得を得られるよう教育・訓練を充実することである。では、なぜこういう議論が日本で主流にならないのだろうか。これは、世界各国共通のことなのだろうか。

格差より市場競争？

「貧富の格差が生じるとしても、自由な市場経済で多くの人々はより良くなる」という考え方にあなたは賛成するだろうか。アメリカの調査機関であるピュー研究所は、二〇〇七年のピュー・グローバル意識調査で、世界各国でこの質問を行なっている。

この結果を示しているのが図I‐1である。この図からわかるように、主要国のなかで日本の市場経済への信頼は最も低く、四九パーセントの人しかこの考え方に賛成していない。これに対してアメリカでは七〇パーセントの人が賛成している。

実は、調査された多くの国で七〇パーセント以上の人が市場経済のメリットを認識している。図I‐1に示されるように、カナダとスウェーデンでは七一パーセント、イギリスと韓国では七二パーセント、イタリアでは七三パーセント、中国でも七五パーセントの人が市場経済に賛成している。七〇パーセント以下の人しか賛成しない国は、六七パーセントであるスペイン、六五パーセントのドイツ、五六パーセントのフランス、五三パーセントのロシアだけである。

つまり大陸ヨーロッパ諸国とロシアは比較的市場に対する信頼が低い国だ。しかし、日本はその大陸ヨーロッパ諸国や旧社会主義国である中国やロシアよりも市場のメリットを信頼しない国なのである。

図I－1　貧富の差が生まれたとしても多くの人は自由な市場でより良くなる

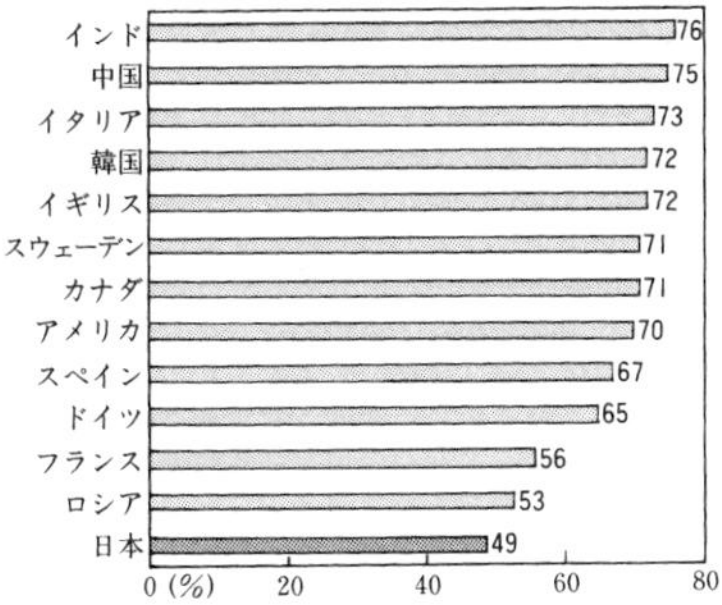

出所：Pew Research Center

貧困救済は国の責任か？

では、自由な市場経済に信頼を置かない日本人は、市場ではなく、政府の役割を重視しているのだろうか。同じ調査では、「自立できない非常に貧しい人たちの面倒をみるのは国の責任である」という考え方に賛成するか否かを尋ねている。

図I－2にこの結果を示している。日本でこの考え方に賛成しているのは五九パーセントである。実は、この数字も国際的には際立って低い。図からわかるように、ほとんどの国で八〇パーセント以上の人が、貧

図I－2　自立できない非常に貧しい人たちの面倒をみるのは国の責任である

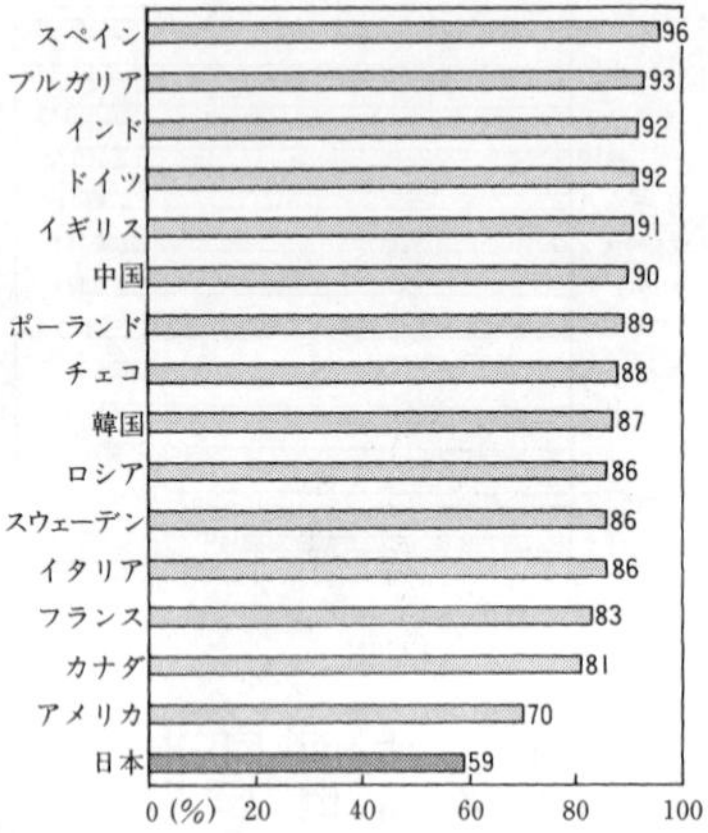

出所：Pew Research Center

しい人の面倒をみるのは国の責任だと考えている。カナダで八一パーセント、フランスで八三パーセント、イタリア・スウェーデン・ロシアで八六パーセント、韓国で八七パーセント、中国で九〇パーセント、イギリスで九一パーセント、ドイツで九二パーセント、スペインで九六パーセントの人が、貧困者の生活の面倒をみる責任は国にあると答えているのだ。旧社会主義諸国はもちろん、ヨーロッパ諸国のほとんどは貧困者の生活の面倒をみるのは国の責任だと考えている。国の役割について否定的だと考えられるアメリカでも七〇パーセントの人が貧しい人たちの面倒をみるのは国の責務だと考えている。つまり、日本人は自由な市場経済のもとで豊かになったとしても格差がつくことを嫌い、そもそも市場で格差がつかないようにすることが大事だと考えているようだ。たしかに、市場によって格差が発生しなければ、国が貧困者を助ける必要もない。

多くの国では、市場経済を信頼して、貧困対策は国に期待するという経済学者の標準的考え方と一致した考え方を人々がもっている。アメリカは、市場経済を信頼するが国の役割にはあまり期待していない。宗教が所得再分配で重要な役割を果たしているのかもしれない。日本は市場経済への期待も国の役割への期待も小さいという意味でとても変わった国である。

日本人はなぜ特殊なのか？

市場競争も嫌いだが、大きな政府による再分配政策も嫌いだという日本の特徴はどうして生じたのだろうか。血縁や地縁による助け合いや職場内での協力という日本社会の慣習が、市場経済も国も頼りにしないという考え方を作ってきたのだろうか。狭い社会でお互いよく知った者同士、お互いを監視できるような社会でのみ助け合いをしてきたのが日本人社会の特徴なのかもしれない。私たちはその狭い社会の「外」の人に対する助け合いは行ないたくないという感情をもっているのかもしれない。

それとも高度経済成長期の完全雇用の経験によって作られた価値観が原因だろうか。高度成長期の完全雇用の時代には、仕事がなくて貧しいというのは、まじめに仕事をしていない場合にのみ発生するという状態だったと考えられる。まじめに働いていても貧困に陥るという認識が日本人にはなかったのだろう。

理由はよくわからないが、国の役割に対する考え方の差は、各国の政府支出の大きさとある程度関連があるのが興味深い。日本は先進国のなかでアメリカと並んで最も政府支出の対GDPが小さい。自由な市場経済とセーフティネットという組み合わせが日本人の間に支持されるようになるには、まだ時間がかかる可能性がある。

ただし、国民の価値観は長期間変わらないわけではない。さまざまな価値観や幸福度を世界各国で調査している世界価値観調査（World Values Survey）では、つぎのような質問が定期的に行なわれている。

「同じ年齢で同じ仕事をしている二人の秘書の給料に差がある。ただし、両者には能力の差がある。あなたは、この賃金格差を不公平だと思いますか？」

この調査結果を図I－3に示した。一九九〇年の調査では、日本人の四一パーセントもの人が不公平だと答えていた。しかし、二〇〇〇年の調査では不公平だと答える人が一二パーセントにまで激減している。アメリカは九九年の調査で八・八パーセントである。ちなみに、中国では七・二パーセント、ロシアでは六・七パーセントの人しか不公平だと思っていない。

図I－3　「同じ年齢で同じ仕事をしている秘書二人の能力に差があったとき、両者に賃金格差があるのは不公平か？」という質問に「不公平」と答えた割合

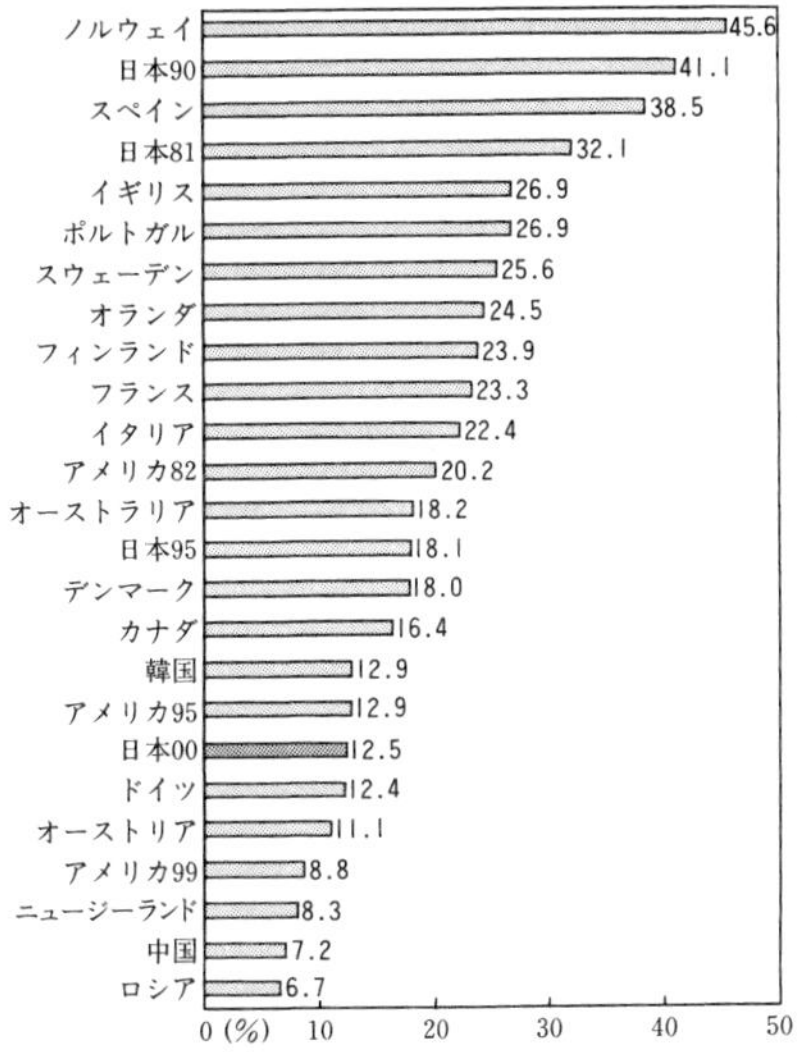

出所：World Values Survey より筆者が算出

九〇年代後半から成果主義的賃金が日本で取り入れられてきた背景には、このような日本人の価値観の大きな変化も反映されているのかもしれない。

こうした変化の背景には、儒教的な価値観が薄れたというよりも技術革新があったためだと考えられる。年齢と生産性の間に密接な関係があっ

た時代から、同じ年齢であっても技術によって生産性が大きく変わる時代になったのではないだろうか。

規制緩和と格差問題の間を揺れ動く日本人の価値観は、将来変わっていく可能性が高い。しかし、価値観と現実社会のギャップが一時的に生じることは避けられない。その間は、日本人の間に大きな不満が発生することになるだろう。

2　勤勉さよりも運やコネ？

政権交代と反市場主義

民主党、社会民主党、国民新党の三党は、二〇〇九年八月三十日の第四十五回衆議院選挙での自公連立政権からの政権交代を受け、連立政権を樹立することになった。そのための、三党合意文書が同年九月九日に公表された。その合意文書の冒頭には、「小泉内閣が主導した競争至上主義の経済政策をはじめとした相次ぐ自公政権の失政によって、国民生活、地域経済は疲弊し、雇用不安が増大し、社会保障・教育のセーフティネットはほころびを露呈している」という文章がある。つまり、日本の社会・経済の悪化の諸悪の根源は、競争主義的経済政策にあったというのである。

このことは、民主党党首の鳩山由紀夫氏のつぎの論説でも明確に述べられている。

米国的な自由市場経済が、普遍的で理想的な経済秩序であり、諸国はそれぞれの国民経済の伝統や規制を改め、経済社会の構造をグローバルスタンダード（じつはアメリカンスタンダード）に合わせて改革していくべきだという思潮だった。
日本の国内でも、このグローバリズムの流れをどのように受け入れていくか、これを積極的に受け入れ、すべてを市場に委《ゆだ》ねる行き方を良しとする人たちと、これに消極的に対応し、社会的な安全網（セーフティネット）の充実や国民経済的な伝統を守ろうという人たちに分かれた。小泉政権以来の自民党は前者であり、私たち民主党はどちらかというと後者の立場だった。（中略）冷戦後の今日までの日本社会の変貌《へんぼう》を顧みると、グローバルエコノミーが国民経済を破壊し、市場至上主義が社会を破壊してきた過程といっても過言ではないだろう。[1]
もっとも、二〇〇九年十月二十六日に行なわれた鳩山首相の所信表明演説では、表現はマイルドになって、経済学の教科書に近いものに変更されている。
市場における自由な経済活動が、社会の活力を生み出し、国民生活を豊かにするのは自明のことです。しかし、市場にすべてを任せ、強い者だけが生き残ればよいという発想や、国民の暮らしを犠牲にしても、経済合理性を追求するという発想がもはや成り立たないことも明らかです。

私は、「人間のための経済」への転換を提唱したいと思います。それは、経済合理性や経済成長率に偏った評価軸で経済をとらえるのをやめようということです。経済面での自由な競争は促しつつも、雇用や人材育成といった面でのセーフティネットを整備し、食品の安全や治安の確保、消費者の視点を重視するといった、国民の暮らしの豊かさに力点を置いた経済、そして社会へ転換させなければなりません。

これを読むかぎりは、標準的な経済学の考え方にかなり近い。市場では競争するが、再分配は重視するという発想になっている。ただ、選挙時や連立政権の樹立時点では、かなり反競争主義的なイデオロギーが強かったことは事実だろう。

勤勉を重視する価値観の衰退

資本主義経済という市場メカニズムを基本にした国で、反市場主義を唱える政党が国民の支持を得たのはどうしてだろうか。すでに紹介したように、ピュー研究センターの調査によれば日本人は市場競争に信頼を置いていない。「貧富の格差が生じるとしても、自由な市場経済で多くの人々はより良くなる」という考え方に賛成する日本人の比率は約五割で、先進国のなかで圧倒的に低い。

どうして、日本人はこのように市場に信頼を置かないのであろうか。ハーバード大学のディ・テラ教授とプリンストン大学のマカロック教授の研究によれば、資本主義への支持と強く相関するのは、運やコネでなく勤勉が成功につながるという価値観や汚職がないという認識だという。[2]

最近のデータでみるかぎり、日本における勤勉の重要性の認識は、国際的には低いものになっている。世界価値観調査に、「人生での成功を決めるのは、勤勉が重要か、それとも幸運やコネが重要か」という質問がある。図I-4に、二〇〇五年から〇八年に行なわれた調査での主な国の回答結果を示した。フィンランドでは、運やコネが大事だと答えた人は一五・八パーセントしかいない。大多数の人は、勤勉が大切だと考えている。アメリカ、ニュージーランド、台湾、中国、スペイン、カナダ、韓国の諸国も、勤勉が大事だと考える人の比率が七割以上である。これに対し、二〇〇五年に調査があった日本は運やコネが大事だと答える人の比率は四一パーセントで、先進国のなかでは高いほうである。

日本人は勤勉な国民で、それが高い生産性の原動力になってきたとされている。しかし、二〇〇五年時点では、そのような認識がずいぶん薄れてしまい、運やコネを重視するようになっている。

日本人が運やコネを重視する価値観をもつようになったのは、最近である可能性が高い。世界価値観調査で、日本について同じ質問を行なった一九九〇年と九五年と二〇〇五年のデータを集計してグラフにしたものが図I-5である。日本人で運やコネが大事だと答えた人は、九〇年で二五パーセント、九五年で二〇パーセントと少数派であったものが、二〇〇五年になると四一パーセントに急増していることがわかる。二〇〇〇年代になってから日本人の価

図I-4　人生での成功を決めるのは運やコネが大事と考える人の比率

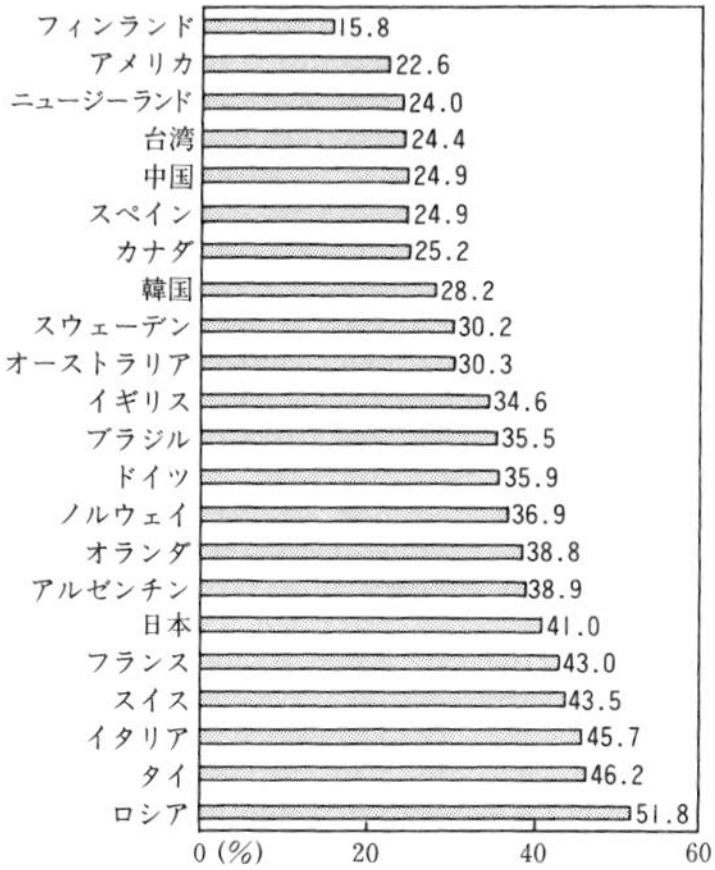

出所：World Values Survey より筆者が算出

図I-5　勤勉よりも運・コネが大事と考える日本人の比率

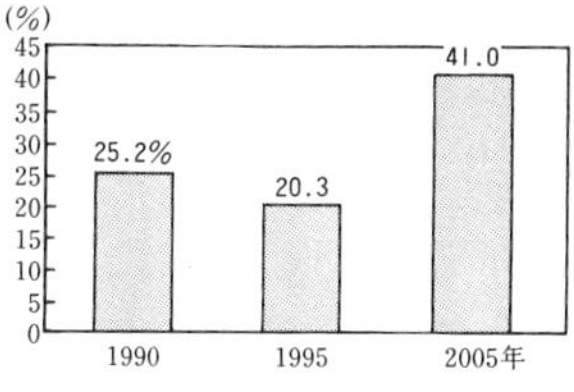

出所：World Values Survey より筆者が算出

値観が勤勉から、運やコネを重視するように変化してきた可能性がある。

不況が価値観に与える影響

なぜ、このような変化が生じたのだろうか。この点については、カリフォルニア大学ロサンゼルス校のギウリアーノ教授とＩＭＦのスピリンバーゴ氏の研究が参考になる。[3] 彼らはアメリカのデータを使って、若い頃の不況経験が、価値観に影響を与えることを実証的に明らかにしている。具体的には、十八歳から二十五歳の頃、つまり、高校や大学を卒業してしばらくの間に、不況を経験するかどうかが、その世代の価値観に大きな影響を与えるというのだ。この年齢層の頃に不況を経験した人は、「人生の成功は努力よりも運による」と思い、「政府による再分配を支持する」が、「公的な機関に対する信頼をもたない」、という傾向があるそうだ。この価値観は、その後、年をとってもあまり変わらないということも示されている。

日本でもバブル崩壊以降、長期の不況が続き、若年層の就職が困難な時期が続いた。このような経済環境は、若年層を中心に勤勉に対する価値観を崩壊させた可能性がある。実際、世界価値観調査で、日本について二〇〇五年調査を年齢階層別に集計してみると図Ｉ‐６にみられるように、若年層ほど、勤勉よりも運やコネが人生の成功で重要だと答える人の割合が高い。十五歳から二十九歳の若者では、運やコネが大事と答える人の比率は、四四・六パーセントにも上る。これに対し、五十歳以上ではそう考える人は三七・六パーセントにすぎない。もっとも、その年齢層でも九〇年代の日本人よりも運やコネが大事だと考える人の比率は高く、現在の先進国のなかでも高いグループになる。

景気がよくて完全雇用であれば、努力をすれば仕事に就けるはずなので、仕事が見つからないというのは、本人が努力をしていないためだと多くの人が考えることになる。そういう社会では、勤勉が人生の成功にとって重要であり、市場競争は勤勉な人に報いるための社会制度として適合しているということなのだろう。これに対し、不況では、失業が発生して、どれだけ努力しても、その努力と無関係に仕事に就けない人が出てくる。仕事に就けるかどうかは、運・不運やコネの有無が重要になってくるというのもうなずける。バブルが崩壊して突然就職氷河期に直面した世代は特にそう思っただろう。一年前までは、特に勉強もせず、遊んでばかりいた先輩が一流企業に就職を決めていたのに、自分たちは成績がよくてもなかなか就職が決まらなかったのだから、人生は運・不運だと思うのも仕方がない。

図I－6　年齢別の運・コネが大事比率　日本（2005）

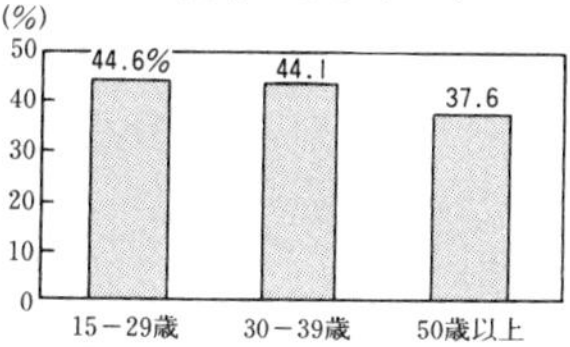

出所：World Values Surveyより筆者が算出

価値観が経済制度に与える影響

「人生の成功に重要なのは勤勉よりも運やコネ」という考え方が、不況で強まったのは事実だろう。問題は、そのような価値観が広まった後、経済政策がどのような影響を受けるかということだ。

経済学者の多くも、運・不運が人生に影響することは望ましくなく、勤勉が人生を決めるべきだと考えている。運・不運による所得の差を小さくするものは、民間の保険、家族の助け合い、そして税や社会保障による再分配制度である。民間の保険や家族の助け合いがうまく機能しない場合には、政府による所得再分配や雇用創出が不可欠になる。

こうした政府による所得再分配政策や雇用創出政策は、市場機能に制限を加えて行なうものではない。しかし、現実には、三党合意文書のように、市場主義そのものに問題があり、市場に対するさまざまな規制を加えていくべきだという議論になった。最低賃金の引き上げや製造業派遣労働の禁止が、二〇〇九年の民主党の選挙公約にあげられたのは、そうした反市場主義的な考え方を反映している。

なぜ、運やコネで人生が決まってくるという考え方が広まると、反市場主義的な考え方につながるのだろうか。コネを排除するためには、参入障壁をなくして競争を厳しくすることが一番いい解決方法のはずである。運の要素を小さくするためには、再参入が何度でもできる競争的な制度を作ることが解決策になるはずだ。

規制を強化すると、規制で守られた人のなかでの格差が小さくなり、そのなかでの運・不運の要素は小さくなるが、規制の枠に入れなかった人たちとの格差は拡大する。規制の枠に入れるかどうか、という運・不運の要素が大きくなってくるのである。

最低賃金の引き上げによって、運よく職を得られた人は、高い賃金が得られ、働いている人の間での格差が縮小する。しかし、最低賃金の引き上げは、仕事に就けない人を増加させるため、失業者と就業者の間の格差は大きくなり、それこそ運・不運の差を拡大してしまうのである。

市場主義と大企業主義の融合が反市場主義をもたらした

「運やコネで人生が決まる」という考え方の広がりが、反市場主義をもたらす理由を考える上で、参考になるのが、シカゴ大学のジンガレス教授の研究である[4]。ジンガレス教授は、市場主義が根付いたのはアメリカの特徴であって、ヨーロッパでは市場主義が根付かなかったことを四つの歴史的な環境から説明している。

第一に、アメリカではヨーロッパと異なって民主主義が産業化に先行して生じた。そのため、人々が経済政策においても不公正であることを許容しなかったという。それが、大企業への独占禁止法をはじめとする規制であり、市場主義的な政策がアメリカで採用された背景にあるという。一方、ヨーロッパでは、大企業の活動に対する反感は、社会主義的な反市場主義的動きとなって現れた。

第二に、アメリカで資本主義が発達した段階では、小さな政府であった。政府の役割や規模が小さければ、民間企業を作って成功させるのがお金を儲《もう》ける方法である。しかし、政府が大きく、参入規制も強ければ、新たに企業を作ることも難しいため、政府とのコネを作って利権を獲得することがお金を儲けることにつながる。そのためには、政治家や官僚に賄賂《わいろ》を贈ることが利益の獲得につながる。

第三に、第二次世界大戦後に発達した国では、効率性が高かったアメリカ企業の影響を逃れるために、経済取引において地域的なコネが重要な社会を作ってアメリカ企業の侵入に対抗していった。

第四に、アメリカでは、マルクス主義の影響がほとんどなかったために、市場主義と大企業主義を区別することができた。これに対し、マルクス主義の影響が強かった国では、市場主義と大企業主義は、マルクス主義という共通の敵と戦うために団結せざるを得なかった。その結果、市場主義と財界主導（大企業主義）の区別があいまいになり、財界主導の政策がとられるようになった。

以上の四つのジンガレス教授の指摘は、日本で市場主義が根付かなかったことをもうまく説明している。小泉政権で経済政策の企画立案として機能した経済財政諮問会議の民間委員は、市場主義を代表する経済学者二名と大企業主義を代表する財界二名で構成されていた。小泉政権の政策は、市場主義的な政策と財界の利益誘導、利権獲得の両方が混じったものになっていたと解釈できる。市場主義的な政策は、財界の利害と一致するものもあったが、一致しないものもあった。たとえば、携帯電話やテレビ放送の周波数割り当ては、経済学的には競争入札で行なうべきであるが、すでに周波数を割り当てられている企業にとっては、競争入札は望ましくない方法である。

また、「官から民へ」という政策についても、公正な競争入札が行なわれていただろうか。郵政民営化の際の施設の競争入札で、規制緩和に関係した企業が安い価格で落札していたという結果を知らされた国民の多くが疑問に思ったのは事実である。つまり、市場主義という名のもとで、利権の仕組みの変更が行なわれただけで、実体はあまり変わっていなかったのかもしれない。

結局、一番割を食ったのが市場主義である。市場主義が既存大企業を保護する大企業主義と同一視されてしまったために、反大企業主義が反市場主義になってしまっているのではないだろうか。構造改革に携わった大企業関係者が、「官から民」への移行に伴って利益を受けていたとすれば、それは市場主義的政策と無関係どころか相反するものだ。誰でも競争に参入できるという公平性が担保されていることが、市場主義の一番重要な点だからだ。「官から民へ」という掛け声のもとに、市場ではなく一部の財界に利権が移されたことが国民の反感を買い、反市場主義につながった。官僚から利権を奪うだけでは、問題の解決にならない。市場主義の否定は、利権の奪い合いをもたらすだけである。反市場主義によって私たちが失うものは大きい。

1　鳩山（二〇〇九）
2　Di Tella and MacCulloch（2007）
3　Giuliano and Spilimbergo（2009）
4　Zingales（2009）

3　男と女、競争好きはどちら？

ガラスの天井

グラスシーリング（ガラスの天井）という言葉をご存じだろうか？　職場における女性の進出が進んでいるアメリカでは、すでに管理職の約四割を女性が占めている（図I-7）。しかし、アメリカでもトップの座につく女性はまだ少ない。そのようなアメリカの管理職女性たちがトップの座につくことを阻《はば》んでいる見えない障壁が「ガラスの天井」と呼ばれているのだ。

日本では管理職に占める女性の比率は一〇パーセント程度であり、日本の「ガラスの天井」は管理職昇進の際にも存在しているように見える。それでも、女性の管理職比率は高まってきた（図I-8）。このような女性の管理職の増加の背景にはさまざまなものがある。男女雇用機会均等法のように男女差別を禁止する法令の整備を誰でもその原因として考える

図Ⅰ－7　就業者及び管理的職業従事者に占める女性の割合

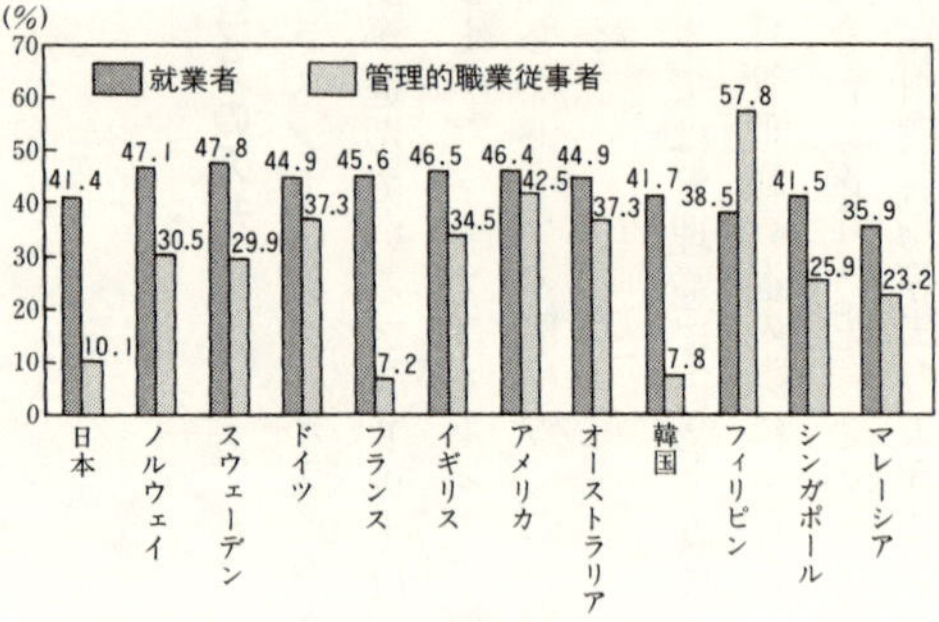

出所：内閣府『男女共同参画白書』平成19年版

図Ⅰ－8　役職別管理職に占める女性割合の推移

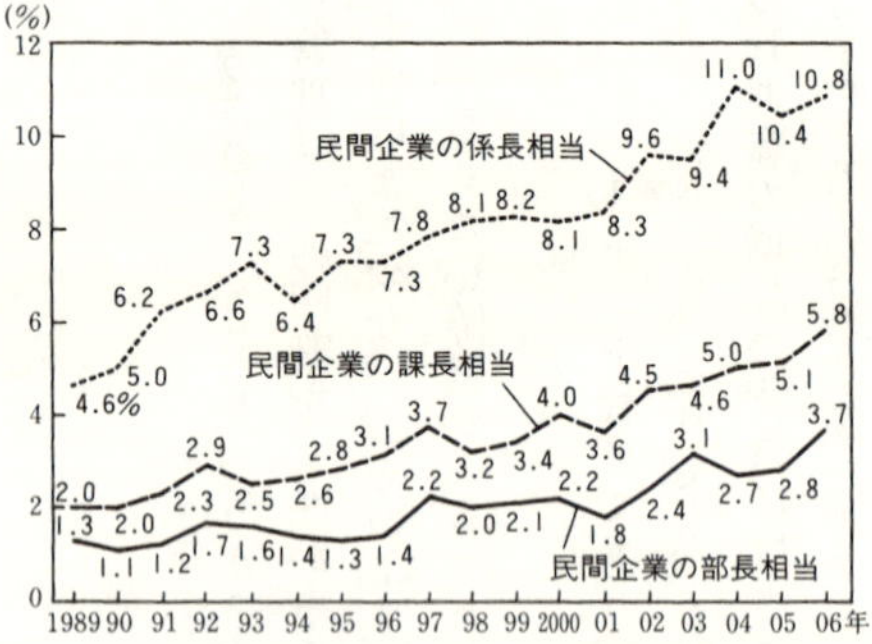

出所：厚生労働省『賃金構造基本統計調査』

だろう。たしかに法的な環境整備は重要であるが、それだけでは男女間格差は縮小しない。よりグローバルな要因としては、技術革新の影響が考えられる。技術革新は、日本人の仕事の中身を力仕事から知的作業や対人コミュニケーション能力を必要とするものに大きく変えた。男女による肉体的な能力の差が職場での生産性の差に与える影響が小さくなり、家事労働も軽減された。この恩恵を受けたのが多くの女性であり、被害を受けたのは未熟練労働をしていた男性である。実際、一九九〇年代半ばからの一〇年間で、すべての賃金階層で女性の名目賃金は上昇したが、男性の低賃金層では名目賃金が低下した。

しかしながら、このような男女格差の縮小傾向にもかかわらず、男女間賃金格差や昇進格差が残っているのも事実である。実際、採用時点では男女の間に能力差がないと考えられる場合でも、企業の管理職への昇進においては差がついている。

競争嫌いの男女差

技術革新によって、男女間の体力差がそれほど重要ではなくなってきたのに、なぜ男女間で昇進格差が残っているのだろう。企業が厳しい競争にさらされているならば、わざわざ能力の低い男性を能力の高い女性より昇進させることを企業はしないはずだ。そんなことをすれば、優秀な女性に活躍の機会を与えたライバル企業に負けてしまうからだ。

日本では企業における訓練投資を回収できるように長期勤続の可能性が高い男性社員に訓練を集中し、女性社員にはその機会を与えないというような傾向もあるので、それが男女間での昇進格差につながるとも言われている。しかし、それでも優秀な女性社員に活躍の機会を与える企業が出てくれば、そうでない企業は競争に負けてしまうだろう。このことは、実証研究でも確認されている。同志社大学の川口章教授の研究によれば、女性雇用比率が高いほど企業の利潤《りじゅん》が高く、革新的な経営手法を取り入れている企業ほど女性社員が活躍し、企業のパフォーマンスがいいそうだ。[1] つまり、男女間格差の多くの部分は、ワークライフバランスに配慮した人事政策をとることで解消される可能性も高い。しかし、そうした環境整備を行なったとしても残る男女間格差があるかもしれない。

男女間の昇進格差を説明する仮説として、経済学者の間で近年注目を浴びてきているのが、昇進競争に参加することを嫌う程度が男女で違うのではないかという仮説である。つまり、競争に対する嗜好《しこう》に男女差があって、それが高賃金所得を得る職業に就く比率に男女差を生み出す原因となっているというのである。

このような競争に対する男女の嗜好の差はそもそも存在しているのだろうか。存在しているとすればそれは生まれつきなのか、教育や文化によって形成されるものなのか。経済学者は、このような問題にも取り組みだしている。

男性は競争で意欲をかきたてられる？

男女による競争への嗜好の差を明らかにするために、経済学者は経済実験という手法を用いてきた。経済実験とは、被験者を実験室に集めてきて、実際にさまざまな実験的な経済環境で報酬《ほうしゅう》を支払って仕事をしてもらい、その時の仕事のパフォーマンスや報酬選択行動を調べるという研究方法のことである。

カリフォルニア大学サンディエゴ校のグニージー教授らは、この分野の先駆的研究を行なった[2]。彼らは、まずコンピューター上で簡単な迷路を学生に解かせた。報酬の支払い方法によって出来高払いのグループとトーナメント制による報酬のグループの二つを作り、その報酬形態による成績の差を男女で比較した。出来高払いとは、迷路の正解数に比例して支払う報酬制度であり、トーナメント制とはグループのなかで一番迷路を数多く解いた人が一番多くの報酬がもらえる制度である。その結果、女性の成績はどちらのグループでも同じであるのに対し、男性は、トーナメント制でのほうが成績がいいことが実験で示された。

彼らは、九歳から十歳の子どもたちに徒競走させるという実験も行なっている。子どもたちは、最初に一人で走り、つぎにペアで走り、それぞれの場合で時間を計測する。その結果はとても興味深い。女子は一人で走っても、二人で走ってもかかった時間に変化はなかった。しかし、男子は、一人で走るよりも男子と競争して走った時のほうがスピードが速い、また女子と走った場合でも自分一人だけで走った時よりも速くなる。

競争的な環境では、女性よりも男性のほうがいいパフォーマンスを示すことを、プロテニスプレーヤーの競技データから明らかにした研究もある。ボストン大学のパセルマン教授は、テニスの世界四大トーナメントであるオーストラリアン・オープン、フレンチ・オープン、ウィンブルドン、USオープンの四つの大会（グランドスラムと呼ばれる）の試合のデータを分析した。[3] まず、各プレーのポイントごとに、そのポイントを取ることが、試合結果にどの程度重要かを統計的に分析する。当然、タイブレークと呼ばれるセットの勝敗に直接関係するポイントを取るか取らないかは、試合結果に大きく影響する。しかし、試合の最初のポイントをどちらが取るかということはあまり試合の結果には影響しない。そういったポイントごとの重要性を数量化した後、試合を決める重要度と選手がミスをする確率の関係を分析した。その結果、女性プロ選手は、試合を決める重要度が高まるほどそのポイントでミスをする傾向があるのに対し、男性プロ選手にはそのような傾向がないという

ことが明らかにされた。つまり、女性プロ選手のほうが、ここぞという時にミスをするという意味で勝負弱いというのである。

男性は交渉が好き？

男性と女性で賃金格差がある理由として、男性のほうが自分の報酬に対して積極的に上司に交渉するからではないか、という仮説もある。実際、バブコックとランシェバー両氏の研究によれば、男女で交渉に対してのアプローチが異なることを実証的に示している[4]。彼らが、ある大学の修士課程の卒業生を調べてみると、男性のほうが女性より初任給が高いことが判明した。この差は、男女による初任給をめぐる交渉の有無の差によってもたらされているのではないか、というのである。調べてみると、この大学の卒業生では、男性の五七パーセントが初任給に関して交渉するのに対して、女性は七パーセントしか交渉していなかったのだ。彼らの研究によれば、被験者たちにBoggleという室内ゲームをさせたところ、男性は女性の約九倍交渉することを発見している。

こうした事実は、女性は交渉することに対して心地よく感じていなかったり、より多くお金をもらう資格があることを主張するのを好ましく感じていないことを示唆している。

男性は競争が好き？

ここまで紹介してきた研究では、トーナメント競争によって成績が変化する程度や賃金交渉に対する積極性に男女差があるかどうかを調べていた。これだと、トーナメント競争のもとで発揮できる能力に男女差があった可能性を否定できない。トーナメント競争で発揮できる成績に性差があったとしても、競争そのものを好む程度にも男女差があるかもしれない。この点を分析したのがニーダールとヴェスターランドである。[5]

彼女らが被験者たちに課した作業は、二桁《けた》の数字を五つ足して右端の空欄を埋めるというものだ。被験者には、五つの数字の足し算を五分という制限時間内でできるだけ多く解いてもらう。電卓は使用不可、メモ用紙は使用可である。コンピューター上で課題に回答させてゆく。一問回答すると新しい問題とともに、前の回答の正誤が現れる。スクリーンには、回答の正誤の記録があるため、作業の絶対的なパフォーマンスを本人が確認することが可能になっている。

被験者たちには、まず、出来高払い制とトーナメント制の両方の報酬体系のもとで作業をしてもらう。出来高払いは、正解数に比例した給与の支払い方法で、トーナメント制は四人のグループで一番の人だけが、一問当たり出来高給の四倍の報酬をもらう制度だ。その上で、もう一度、どちらかの報酬体系を選んで作業をしてもらう。この時の選択が、競争的報酬体系への好みの程度の判断材料になる。

実験では、トーナメントの際、自分がグループで何番目の成績かということを予想させている。そのことによって、実力の割に高い順位を予想しているかどうかという自信過剰の程度も調べることができる。計算能力という実力もコントロールできるし、自信過剰かどうかもコントロールできる。その上で、トーナメントと出来高払いのどちらが好きかという男女差を計測することができるのだ。

この実験の結果は興味深い。男性のほうが女性よりも競争（出来高払いよりもトーナメント制）が好きであり、男性のほうが女性よりも自信過剰であることが示された。同様の実験を私たちは、大阪大学の学生を被験者にして行なったが、その結果はアメリカでの実験とほぼ同じ結論を示している。[6]

つまり、男性のほうが女性よりも競争が好きで自信過剰だから、同じ実力であれば男性のほうが昇進競争に参加することが多くなる。この結果、昇進競争の勝者である管理職の比率も男性のほうが多くなる。

自信過剰であることは、競争への参加率を高めるだけではなく、好ましい側面もある。ジョン・メイナード・ケインズがその著『雇用・利子および貨幣の一般理論』で指摘したアニマル・スピリットというのは、いわば根拠のない自信が企業家に投資を行なわせるというものである。そういう人の存在が、経済成長を引き起こす原動力になる。合理的な予想をして、損をしないと確信できるプロジェクトだけに挑戦する人ばかりでは、新しいビジネスは生まれないし、経済成長も引き起こされない。誰も予想しなかった商品やサービスの開発が、人々の消費意欲を刺激するのである。人々の好みは、現存する商品やサービスに対してしかわからない。未知の商品やサービスに対する消費者の好みを予測し、それに応じた商品やサービスを開発するのだから、アニマル・スピリットと呼ぶしかない。

成功する確率さえもわからないプロジェクトに挑戦するというのは、自信過剰でないと無理だろう。似たことは、科学者の世界でもあるようだ。iPS細胞（人工多能性幹細胞）を創り出した京都大学の山中伸弥教授は、そのような細胞を創り出すのに何年かかるかわからなかったという。理化学研究所の生命科学者で革新的な研究成果をあげている上田泰己氏は、若い研究者へのアドバイスとして、「無根拠な自信」が科学研究には重要であると述べている[7]。

自信過剰であることは、競争に参加する確率を高め、大成功の可能性をもたらす。逆に言えば、成功した人は、自信過剰である比率が高いだろう。一方で、自信過剰であることは、結果的に失敗する可能性も高める。

アメリカや日本で行なわれた競争選好に関する経済実験でトーナメントを選んだものの比

率は、男性のほうが女性よりも多かった。このことは、経済実験で多額の賞金をもらったものの比率は男性のほうが高いが、賞金がもらえなかったものの比率も男性のほうが高いことを意味する。

競争への好みの差が「ガラスの天井」の原因であるのなら、どんなに機会が平等になっても、男女間の昇進格差や所得格差は残ることになる。この議論は、男女間の差にはとどまらない。競争の好き嫌いは、人によってずいぶん違う。競争が大好きな人もいれば、競争はまっぴらという人もいる。そうした競争への強い好みをもっていることが、出世競争に勝ち残るための条件なのだろう。

文化か遺伝か？

競争に対する男女差が生物学的に決まっている可能性もある。生物における代表的な競争の一つは、配偶者をめぐる競争である。多くの生物では、オスがメスをめぐって争う。自分の子孫を残すためには、他のオスとのメスをめぐる配偶者獲得競争に勝ち残らなければならない。そのためには、オスは競争それ自体を嫌っていては、子孫を残すこともできなくなってしまう。

ところが、動物のなかには、メスがオスをめぐって競争する種もある。チドリやアカエリ

表Ⅰ－1　雌雄の潜在的繁殖速度と配偶者をめぐる競争

		潜在的繁殖速度	
		オス	メス
オス同士がメスをめぐって争う種	サンバガエル	2～3週間	4週間
	アマガエルの仲間	4日	23日
	ヤウオの仲間	4日	5～16日
メス同士がオスをめぐって争う種	アカエリヒレアシシギ	33日	10日
	チドリ	61日	5～11日
	ナンベイタマシギ	62日	1シーズン4回産卵

出所：長谷川寿一・長谷川眞理子（2000）『進化と人間行動』東京大学出版会、表9.1

ヒレアシシギ、ナンベイタマシギといったシギのなかの特定の種での鳥は、メスがオスをめぐる競争をする。シギの仲間でも、他の種では、オスがメスをめぐって競争する。多くの鳥の仲間は、オスのほうがメスよりも美しいことはよく知られているが、メスがオスをめぐって競争するこれらの種では、メスのほうがオスよりも美しい。

それでは何が理由で、オスが競争したり、メスが競争したりすることになるのだろうか。進化生物学では、潜在的繁殖速度がそれを決定すると考えられている。潜在的繁殖速度とは、精子あるいは卵子といった配偶子を生産するのに要する時間、配偶に要する時間、子育てに要する時間の合計のことをいう。オスとメスのうち、潜在的繁殖速度の速いほうが、遅いほうをめぐって競争するのである。いくつかの動物について、潜在的繁殖速度のオスとメスの違いと、どちらが競争するかをまとめたものを表Ⅰ－1に示している。オスとメスが同数いるとすれば、メスが長い期間をかけて子育てをする場合、子育てをしていないメスの数は、配偶者を探しているオスの数よりも少なくなってしまう。そのため、オスがメスをめぐって競争するのである。逆に、メスが卵だけを産んで、オスが子育てをするチドリの場合には、メスのほうが余ってしまうので、メスがオスをめぐって競争することになる。

人間の場合には、女性が子育てをすることが多いため、男性のほうが競争が好きなのかもしれない。もし、人間の社会で男性が子育ての負担を担っている社会があれば、女性のほうが男性よりも競争が好きなのではないだろうか。そんな社会はあるだろうか。

グニージー、レオナード、リストの三人の研究者たちは、マサイ族という父系的社会とカシ族という母系的社会で競争選好の男女差を明らかにする経済実験を行なった。[8] マサイ族は、多くの先進国の民族と同様、家父長的で男性優位の社会である。彼らの論文には、「男たちは私たちをロバのように扱う」というあるマサイ族の女性の言葉が紹介されている。一方、カシ族は母系社会である。「牛に餌《えさ》をやったり、子どもの面倒をみる役割をするのはうんざりだ」というカシ族の男性の言葉が紹介されている。

現地にコンピューターを使った経済実験ラボを建設することはできないので、グニージー教授らは、非常に簡単な実験を工夫している。それは、テニスボールを決められた数だけトスして三メートル離れた籠《かご》に入れ、その入れた数に応じて報酬を受け取るというものである。

ただし、報酬の支払い方には二つあり、ボールをトスする前に、どちらかを選択するというものだ。一つは、籠に入ったボールの数一個当たりX円の報酬がもらえるというものである。もう一つは、同時に隣の小屋でテニスボールを投げる人より多くの数のボールを入れた時だけ、一個当たり3X円がもらえ、相手よりも少なければ報酬はもらえないというものである。

実験の結果は興味深い。マサイ族では、男性のほうが女性よりも競争的な報酬体系を選んだ比率が高かった。これは、先進国での実験結果と同じである。しかし、母系社会のカシ族では、マサイ族やアメリカでの実験とは逆に、女性のほうが男性よりも競争的報酬体系を選んだ人の比率が高かったのである。この結果から、競争に対する選好の男女差は、遺伝的というよりも文化や教育によって形成されるのではないか、と彼らは推測している。

この文化仮説と整合的な実験結果は、オーストラリア国立大学のブース教授たちの実験からも得られている。[9]ブース教授らは、イギリスの中学生に被験者になってもらって、ニーダールたちと似た実験を行なった。その結果、女子校の生徒は、共学の女生徒よりも競争的報酬体系を選ぶ傾向があることを報告している。共学では性別役割分担の意識から女性が競争的な報酬体系を選ばなくなるが、女子校であれば性別役割分担の意識が少なくなり、競争的報酬体系を選ぶことに抵抗がなくなるのかもしれない。

実際、私たちが日本で行なった実験でも、女性は女性ばかりのグループであれば競争的報酬体系を選ぶ比率が高くなること、自信過剰の程度も高くなることが示されている。ただし、競争的報酬体系と出来高払い制でのパフォーマンスには差がなかった。女性が男性よりも競争が好きではないという生まれつきの傾向はあるのかもしれないが、性別役割分担意識の存在のほうがやはり大きな影響を与えているようだ。

女性ホルモンと競争選好の関係

女性よりも男性のほうが競争好きという傾向が母系社会のカシ族ではみられないどころか女性のほうが競争好きというのが、グニージー教授らの研究結果だった。その意味で、男性の競争好きが、生物学的というよりも文化的な影響が強いことを示唆するものだと言える。しかし、生物学的な影響がないとは必ずしも言えない。カシ族では生物学的な男女の差を逆転するほど文化的な影響が大きかったということなのだろう。男女差をもたらす原因の一つには、男性ホルモンや女性ホルモンの影響が考えられる。実際、危険に対する態度やリスクのある職業に就く程度が、男性ホルモンに影響されるという研究が報告されている。アムステルダム大学のビューザー氏は、女性ホルモンが競争選好に影響を与えていることを独創的な方法で明らかにした[10]。

女性ホルモンは、月経周期のどの段階にあるかで異なる。月経周期は、月経がはじまった日から月経期、卵胞期、排卵期、黄体期、月経前期という段階に分かれる。女性ホルモンのうち、エストロゲンは排卵期に高まる。もう一つの女性ホルモンであるプロゲステロンは黄体期に高まることが知られている。つまり、月経周期のどの段階にいるかという情報が得られれば、被験者の女性のホルモンレベルが高い時期かどうかがわかるのである。

また、経口避妊薬であるピルを服用している場合は、服用期間と服用休止期間があり、服用期間のほうが女性ホルモンのレベルが高いことも知られている。

ビューザー氏は、月経段階の違いやピルの服用期間か否かを女性ホルモン分泌《ぶんぴつ》量の違いの代理変数にして用いた。つまり、女性が出来高払い制かトーナメント制かのどちらの報酬体系を選ぶかという傾向が、月経周期の段階やピルの服用期間か否かに影響されているかどうかを統計的に調べたのだ。その結果、月経日から十六日から二十三日という黄体期にある女性は、他の時期にある女性よりも競争的報酬体系を選ばないことを明らかにした。また、ピルを服用している女性については、服用期間にある女性のほうが服用休止期間にある女性よりも競争的報酬体系を選ばないことも明らかにしている。つまり、女性ホルモンのうちプロゲステロンの分泌が多い時期に、女性は競争的ではなくなるというのだ。ビューザー氏の分析結果によれば、女性ホルモンが最も少ない時期と多い時期の競争的報酬体系を選ぶ比率を比較すると一〇・五パーセントポイントもの差になるという。この差は、男女間の競争選好の差の四分の一程度になる。

つまり、プロゲステロンという女性ホルモンが、女性を競争から遠ざけさせる原因の一つということだ。女性に競争的な選択をさせるためには、黄体期を避けて決断させることが必要かもしれない。

男女間昇進格差を小さくするには

男女の間の競争に対する選好の差は、一部は性ホルモンといった生物学的要因に起因していそうだが、マサイ族とカシ族の差や共学と女子校の差、競争相手の性別による差などの研究結果をみると、文化的な要因による差のほうが大きそうだ。

競争に対する態度の違いや、競争で実力を発揮できるかどうかは、経済的な格差にもつながる。それだけではなく、社会全体の生産性にも影響を与える可能性が高い。日本国内で仕事に必要とされる能力は、体力や計算力や記憶力といったものから対人コミュニケーション能力、アイディアの発想力、データの分析能力に移ってきている。こうした能力は、ITはまだ得意ではないからだ。しかも、新たに必要とされている能力は、性別に無関係なものが多い。優秀な女性が管理職に昇進したほうが生産性が高まる場合でも、彼女たちが昇進競争そのものを避けているのだとしたら、社会的な損失ではないだろうか。家事育児負担を女性が担っているという慣習が続いているなかで、残業や夜間の会議が存在すると、それだけで女性が仕事をしていく上で不利になる。女性が社会で活躍するためには、保育所の整備やワークライフバランスに配慮した職場環境の整備が、最初に必要なことだ。

その上で、競争的な環境にチャレンジすることの重要性を男女かかわりなく教育していくことが、男女間格差の解消だけではなく、社会全体を豊かにしていくことにもなる。もし、生物学的な理由で、女性が競争を避けているのだとすれば、女性の昇進に一定枠を確保するといった割り当て制度を用いれば、男性との競争を意識させないことで、より競争にチャレンジする女性が増えるという効果があるかもしれない。女性の競争に対する意識を変えることには時間がかかるので、女性枠を設けることは、能力は高いが競争を好まない女性を活躍させる方法として有効だろう。

1　川口（二〇〇八）とその中で紹介されている研究を参照。
2　Gneezy, Niederle and Rustichini（2003）, Greezy and Rustichini（2004）
3　Paserman（2009）
4　Bebcock and Lanshever（2003）
5　Nierderle and Vesterlund（2007）
6　水谷他（二〇〇九）を参照。

7　『情熱大陸』（ＭＢＳ放送、二〇〇九年三月一日）における上田氏の発言「大事なのは『無根拠な自信』。無根拠な自信が一番重要かもしれない。若いことの特権ですよ。それが新しいサイエンスを生み出すはずなんで、無根拠でいい」（http://www.mbs.jp/jounetsu/2009/03_01.shtml）

8　Gneezy *et al.*（2009）

9　共学と女子校の生徒での競争選好の差を調べたのは、Booth and Nolen（2009）。競争相手の性別による競争選好の差を調べたのは、水谷他（二〇〇九）。

10　Buser（2009）

コラム① 薬指が長いと証券トレーダーに向いている？

あなたの薬指は、人差し指に比べてどの程度長いだろうか？ もし、薬指が人差し指に比べて一〇パーセント以上長いのであれば、証券トレーダーに向いているかもしれない。ケンブリッジ大学の神経科学と経済学の研究者たちは、成功している証券トレーダーとそうでない証券トレーダーを比べると、成功している証券トレーダーは、薬指と人差し指の長さの比が大きいことを明らかにした[1]。

なぜ、指の長さと証券トレーダーとしての成功に関係があるのだろうか。薬指と人差し指の長さの比は、男性ホルモンであるテストステロンの量と相関があることが知られている。妊娠三か月頃までに胎内でのテストステロンの曝露《ばくろ》量から指の長さの比率が決まるという。テストステロンの量は、瞬間的な判断力や筋肉量などに影響する。

スポーツ選手で薬指の長さと成績との関係が調べられてきた。たとえば、イギリスの一流サッカー選手は、そうでない選手に比べて相対的に薬指が長い。ラグビーでもそういう研究がある。スポーツ選手以外では、オーケストラの演奏者についても研究があり、男性奏者については、地位が高い奏者ほど薬指が相対的に長いということだ。[2]

ただし、これまでの研究には問題も多い。サッカー選手やオーケストラの演奏家だと、一流かどうかという判断は主観的になってしまう。どちらも個人プレーではないため、個人の能力を測っているかどうかの判断が難しい。それに、現役の選手だと将来もっと強くなる可能性のある人が下位の選手に含まれてしまう。その意味で、すべての選手について指の長さの比がわかるスポーツで比較する必要がある。選手の指の長さがすべてわかるよ

うな競技はあるだろうか。

私が思いついたのは、大相撲である。大相撲の力士なら、色紙に手形を押す慣行がある。神社に昔の力士の手形が奉納されていることも多い。そこで、大阪大学大学院の田宮梨絵さんと共同で、力士の手形を集めるプロジェクトをはじめた。東京・両国《りょうごく》の国技館にある相撲博物館には力士の手形が収集されている。江戸時代の第四代横綱・谷風《たにかぜ》の手形からあるということだ。戦後の幕内力士については、原則的に全員の手形があって、平成以降は、十両力士の手形もある。そこで、相撲博物館にお願いして、最高位が十両、前頭下位、関脇、大関、横綱であった力士を選んで、色紙や掛け軸に押された手形の写真を撮らせていただいた。全部で二二〇人分である。そのうち指先と指の付け根が鮮明に移っている手形は約一〇〇枚だったので、そのデータを分析した。

結果は、予想どおり十両や前頭下位で引退した力士よりも、横綱や大関といった上位に昇進した力士のほうが、平均的には薬指が人差し指より相対的に長く、その差は統計的にも有意であることが明らかになった。瞬間的な判断力を必要とする職種では、テストステロンの量が重要な資質として機能するようだ。

すでに紹介したように、女性ホルモンが競争を好まないことと関係しているのと同様、男性ホルモンは、競争を好むということとも関係があるかもしれない。

シカゴ大学のビジネススクールの学生五五〇人を対象に行なった実験が『アメリカ科学アカデミー紀要』（PNAS）に掲載された。[3] 彼らは、金融資産の選択行動から得られた危険回避度と唾液《だえき》中のテストステロン（男性ホルモン）濃度、人差し指と薬指の長さの比との関係を調べた。その結果、女性ではテストステロンの濃度が高いほど、危険回避的ではなかったが、男性ではその関係はみられなかった。ただし、テストステロンの濃度が比較的低いグループで分析してみると、男女とも危険回避度と負の相関が観察された。ビジネススクールの卒業生の就職先との関連では、テストステロン濃度が高く、薬指が人差し指に比べて長いほど、所得の平均は高いがリスクも高い投資銀行などの金融機関に就職する確率が高かったことが明らかにされている。

竹内久美子のエッセイに、女性は薬指の長さをみるという表現があった。[4] 彼女の解釈は、男性ホルモンの多さと生殖能力の高さには関係があるというものだ。それだけではなく、経済力の大きさの指標にもなっているのかもしれない。もっとも、高い所得を得るためには、必ずしも瞬間的な判断力だけが重要なのではない。じっくり考えたり、他人の気持ちを判断する能力が優れていることも社会的に成功する上で重要だ。指の長さだけで判断するのも間違いだろう。

草食系男性が好みという女性は、薬指が人差し指よりあまり長くない男性をチェックすべきということかもしれない。ただし、ここで紹介した研究は、あくまで平均的には関係があるということを示しているだけで、実際には個人差が大きいことに注意すべきである。

1 Coates, Gurnell and Rustichini（2009）
2 マニング（二〇〇八）、Manning（2002）
3 Sapienza *et al.*（2009）
4 竹内久美子（二〇〇四）

4　男の非正規

景気後退と非正規雇用問題

二〇〇八年秋にアメリカのサブプライム問題から発生した景気後退は、あっという間に世界中に広まった。日本も自動車・電機といった輸出産業を中心に大きな影響を受け、〇八年末から〇九年初頭にかけて、非正規雇用者の雇用調整が深刻化し、社会問題となった。なぜ、このような非正規の雇用問題が深刻化し、社会問題になったのだろうか。それは、非正規雇用者の比率が〇八年の段階で、雇用者の約三割にまで増加していたことに加えて、男性の非正規雇用者比率が上昇していたことが原因である。

非正規雇用者の比率は、一九九〇年代半ばまでは約二割であった。男女とも非正規雇用者比率が上昇を続けてきたことは事実である。しかし、もともと女性の非正規雇用比率は九〇年代半ばでも約五割と比較的高く、その傾向が継続的に高まったというのが、女性非正規雇

図Ⅰ‐9　年齢階級別非正規雇用比率（女）の推移

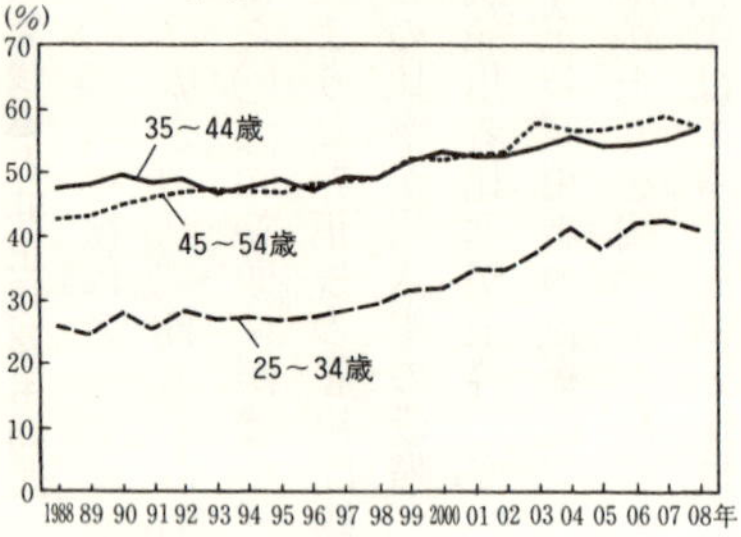

出所：総務省「労働力調査」

図Ⅰ‐10　年齢階級別非正規雇用比率（男）の推移

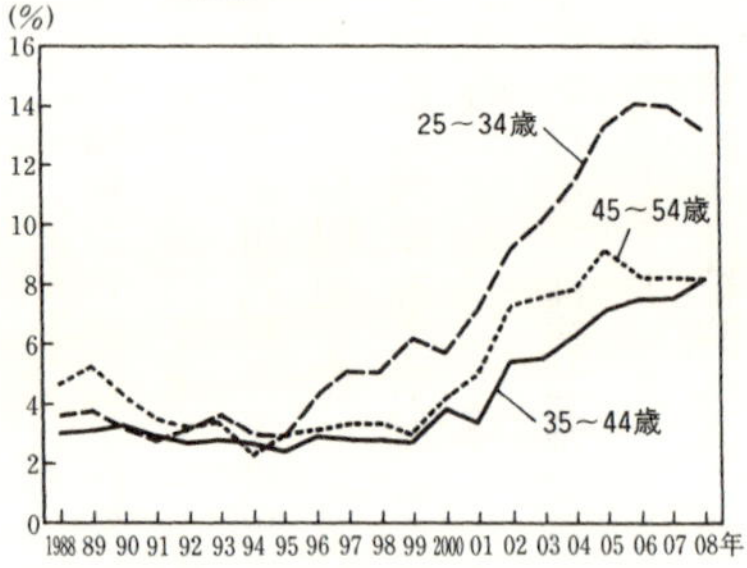

出所：総務省「労働力調査」

用に関する表現としては正しい（図Ⅰ‐9）。

一方、男性の二十代半ばから三十代半ばの非正規雇用比率は、九〇年代半ばまで約三パーセント程度であり、非常に例外的な雇用形態であった。しかし、二〇〇八年にはこの年齢層の男性の非正規雇用者比率は約一五パーセントにまで上昇した（図Ⅰ‐10）。その意味で、九〇年代半ばまでは、非正規雇用問題といえば、女性の問題であった。それが、二〇〇〇年代に入ると非正規の男性の比率が若年層を中心に無視できないほど高まってきたのだ。つまり、「男の非正規」が新たな問題になってきたのである。

男の非正規

「男の非正規」は、近年の労働市場の変化の象徴でもある。

第一に、かつてなら非正規雇用者の雇用調整は、それほど深刻な貧困問題を引き起こさなかったが、世帯主の男性や単身男性が非正規雇用者ということが増えてきたため、非正規雇用の雇用調整が貧困問題に直結するようになってきたのだ。というのは、一九九〇年代半ばまで、非正規雇用者の中心は、既婚女性労働者であり、家計の生計を主として担う存在ではなかったからだ。世帯主の多くは、正規雇用者として雇われており、家計所得の補助的役割を非正規雇用者が担っていたのである。そのため、企業が雇用調整をする場合も、深刻さが比較的軽度であるとみなされていた非正規雇用者の雇い止めが先行して行なわれてきた上、整理解雇に関する判例においても、そうすることが正規雇用者の解雇の正当事由にカウントされてきたのである。

第二に、「男の非正規」が増えた背景に、技術革新があることだ。実は、二十五歳から五十四歳の年齢層の男性の就業率は二〇〇〇年以前は、九五パーセント前後であったが、二〇〇〇年代に入って数パーセント低下している。特に若年男性の就業率の低下が大きい。これに対し女性の就業率はトレンド的に上昇してきており、特に若年女性でその傾向が顕著である。女性の就業率が高まったとはいえ、男性よりも低いという事実は変わらないが、男性の就業率の低下と女性の就業率の上昇という変化が重要である。

技術革新は、長時間労働や体力を要求する仕事から、対人能力、文章表現能力、技術力、データ解析能力、創造的能力などを要求する仕事に、仕事の中身を変えてきた。こういう仕事で必要とされる能力には、男女の間での差が小さいどころか、女性のほうが得意とするものも含まれる。

それに加えて技術革新やグローバル化の進展は、製品・サービス需要の不確実性を大きくした。需要の不確実性に対応するためには、二つの方法がある。第一は、正社員の雇用や賃金の不安定性を増すことで対応することである。第二は、正社員の雇用の安定性は維持したまま、非正規社員という雇用の保証が小さい労働者の雇用比率を増すことである。アメリカは、主に第一の方法で需要の不確実性の増大に対応し、日本は第二の方法で対応した。つまり、長時間労働で雇用が安定している正社員と低賃金で雇用が不安定な非正規社員という二極化である。それが、九〇年代末から二〇〇〇年代にかけての非正規雇用者比率の高まりの理由である。

任期付き正社員

非正規雇用者が増えることは、二つの問題をもたらす。第一に、「男の非正規」の増加による貧困問題である。第二に、非正規雇用者に対する訓練量が少ないことから発生する将来の日本の生産性の低下である。技術革新やグローバル化だけが、「男の非正規」の原因であるならば、解決の手段は限られており、貧困対策は政府による所得再分配政策しかあり得ない。

しかし、日本の非正規労働に対する規制のあり方が二極化を加速している面もある。それは、正規雇用と非正規雇用との間の解雇規制の差であり、非正規雇用の長期化に伴う雇い止めの困難化である。

日本は判例によって実質的な解雇規制の程度が決められてきた。その結果、正社員の解雇はかなり厳しいが、非正規社員の雇い止めは比較的簡単であった。しかし、非正規社員も何度も契約更新が繰り返されていると雇い止めが認められなくなるという判決の傾向がある。そのため、日本企業は、非正規社員の雇用期間は短く制限し、単純な仕事だけを行なってもらい、正社員に訓練を集中させるという傾向を強めてきた。こうした日本の労働法制が、二極化を促進してしまっているのである。

この傾向を止めるには、正社員の雇用保障の程度を低めるか、五〜一〇年程度の任期のなかでは繰り返し雇用を自由にできる、任期付き正社員という制度を設けることが解決の方法である。そうすれば、現在よりも雇用が不安定になる人が出てくるかもしれないが、一年や二年しか雇用の見通しがない人の比率は減ることになる。現在の非正規労働者よりも雇用契約期間が長くなれば、安心して訓練を受け技能のレベルを上げることもできるだろう。あるいは、特定部門や特定の地域の仕事がなくなった場合には、雇用契約を解除できるという条件をつけた雇用契約が結べるようにすることも、現在の非正規社員よりも安定的な雇用形態になるかもしれない。

「男の非正規」は、かつてはうまく機能していた制度や慣行が、効率性と安心の両方の足をひっぱってしまうことがあるということの実例である。国レベルの制度の変更は時間がかかるかもしれないが、慣行や制度のなかには、企業レベルで対応できるものも多い。環境に対応した仕組みに変えられるものがあるかどうか、常に検討することが大切だ。

5　政策の効果を知る方法

事業仕分け

二〇〇九年の十一月、民主党政権は、予算の無駄を省くことを目的にして、行政刷新会議が「事業仕分け」という公開での予算査定を行なった。事業仕分けとは、あらかじめ選ばれた仕分け対象事業について、公開の場で、事業を行なっている担当の官庁の官僚と、査定する側の財務省の官僚の双方の説明の後、仕分け人と呼ばれる担当者が質問し、事業の存廃を決めていくという行政手法である。予算を説明する官僚への「仕分け人」たちの厳しい質問は、インターネットで中継され、テレビでも何度も繰り返し放送された。「事業仕分け」という言葉は、二〇〇九年の『ユーキャン新語・流行語大賞』のトップテンにも選ばれたほどだ。国の予算の使われ方を透明にし、今まで密室で政治的に決められてきた無駄な部分を排除するという「事業仕分け」は国民から多くの支持を得た。

しかしながら、「事業仕分け」を経済学者の視点からみると問題点も多くあった。それは、個々の事業の効果や成果をどのように測るかという点である。担当官庁側の説明は、事業を行なったから政策対象の成果が上昇したのか、事業を行なわなくてももともと成果が上がっていくものだったのかという点がはっきりしないものが多かった。また、仕分け人側も、短期的な損得だけで事業の善し悪しを判断することが多かった。かけた費用以上の収益が上がるものであれば、もともと国が行なう必要がなく、民間で行なえばよい。民間では赤字になってできないから国が行なっているにもかかわらず、「赤字であるから無駄な事業だ」という評価をしているものが多かった。

実は、ある事業が本当に効果があったかどうかを検証することは、それほど簡単ではない。ある政策を特定の地域でモデル事業として行なって成果が上がった、と判断する場合は、多くは、他の地域と比較したり、事業を行なう前と比較したりする。しかし、モデル事業の選定の際に、地域からモデル事業に応募させて選定していたとすれば、もともとそのモデル事業に向いた地域が選ばれているはずだ。モデル事業に選ばれれば、モデルということもあって、その地域は事業の成功に努力するはずだ。そうすると、結果的にモデル事業の効果が上がったように見えても、それはもともと成功しやすかった地域を選んだだけだったのかもしれない。モデル事業の効果があったとしても、その政策を全国展開したところで、モデル事業で得られたと同様の成果は期待できないはずだ。

どのような政策が効果があるのかを正確に検証するためには、政策の対象者や対象地域を無作為に選んで行ない、その対象にならなかったものと比較するという社会実験が必要である。日本のモデル事業も社会実験としてきちんと設計していかないと後から効果の検証ができないのである。

政策効果を検証するためには、データにもとづくだけではなく、データの特性をよく考えて比較検証する必要がある。そのためには、かなり高度な経済学の知識や技術とデータが必要になる。それを、官僚や仕分け人に期待するのは無理だろう。むしろ、官僚や仕分け人は十分な専門的な分析結果をもとに、それを利用すべきであろう。

ウィキノミクスという方法

ただし、社会実験はどんなものにも使えるわけではないし、実施するにはお金もかかる。どうすれば、政策効果の無駄をお金をかけずに検証できるだろうか。「ウィキノミクス」という手がある。「ウィキノミクス」とはデータを公開することで、研究開発費を削減することができるという考え方だ。カナダの小さな金鉱山会社が、自社がもっている地質データをインターネットで公開し、金鉱脈を見つける優れた方法を提案した人に賞金を出した。この方法で、この会社は多くの新たな金鉱脈を発見することができた。タプスコットとウィリアムズ両氏による著書『ウィキノミクス』（日経BP社）の冒頭に紹介されている事実である。

このアイディアを思いついた金鉱山会社の社長は、コンピューターの基本ソフトであるリナックスの開発方法を聞いたことが発端だったという。リナックスの開発者のリーナス・トーバルズが、自分の開発したコードを世界に公開し、世界中のプログラマーがリナックスの開発に無償で取り組んだことが、優れたソフトの開発につながり、現在広く使われるようになったというよく知られた事実である。

経済問題の解決にも「ウィキノミクス」の手法を使うことを私は提案したい。さまざまなデータをプライバシーの問題が起こらないようなかたちで公開し、経済問題解決のアイディアを世界中の研究者から出してもらうのである。

『ウィキノミクス』には、さまざまなオープンソース化によって成功した企業の事例が数多く描かれている。科学の世界では、オープンソースというのは当然の概念で、それが科学を発展させてきた。一方、利潤最大化を行なう企業では、技術の囲い込みをしないと経営が成り立たないというのが、今までの常識であった。しかし、不確実性が大きく革新的なアイディアに依存する割合が高い分野では、技術の囲い込みのメリットよりもオープンソース化によるメリットのほうが大きくなってきたのだろう。

役所がデータを独占し、さまざまな政策の運営方針を決定していくという従来の政策決定方法は、専門的知識をもったものが政府部内にしか存在せず、データの分析に大きな設備が必要であった時代には、ある程度の合理性をもっていたかもしれない。また、日本のデータを公開することで、外国に日本のことを研究されると国益が損なわれるという問題もあったのかもしれない。

しかし、データを公開して日本のさまざまな経済社会問題の発生原因を世界中の研究者が科学的に明らかにし、その解決方法を研究すれば、役所のなかだけで限られた人たちが忙しい公務の傍らデータを分析し、アイディアを出すよりは、はるかに効率的に正しい処方箋《しょほうせん》が得られるはずだ。いくら日本の公務員が優秀で専門的知識をもっていたとしても、時間も人数も限られている。データを公開すれば、世界中の研究者の頭脳をほとんど無料で使うことができるのだ。

経済学の世界では、アメリカがすでにこれを実践している。アメリカでは、日本の労働力調査にあたるカレント・ポピュレーション・サーヴェイ（Current Population Survey）の個票データが個人識別を不可能にするよう処理されて、インターネット上に公開されている。また、ＰＳＩＤ（Panel Study of Income Dynamics）やＮＬＳＹ（National Longitudinal Surveys of Youth）といった個人の所得やさまざまな属性を追跡したデータ、多くの世論調査も研究用に利用可能である。さらには、社会保険に関する個人データも研究用に用いられている。公開のレベルはインターネットによる公開から、特定の設備内での利用に限定するものまでデータによってさまざまである。

こうしたデータが公表されると、アメリカの経済学者だけではなく、世界中の経済学者がアメリカのデータを用いて、アメリカの経済問題を分析し、論文を書いて発表してきた。八〇年代からアメリカの所得格差の拡大が観察されはじめると、世界中の経済学者はアメリカのデータを用いて、アメリカの所得格差拡大の理由を明らかにしてきた。公的年金が個人貯蓄に与える影響や引退行動に与える影響、失業保険が職探し行動に与える影響といった分析は、業務データの研究者向け公開がなければ進まなかった。こうした研究成果は間違いなく、実際の制度設計に役立てられていく。科学的な分析があれば、不公平な政策決定は行なわれにくくなるはずだ。

最低賃金の引き上げのような政策的な問題についても、最低賃金の引き上げの効果を分析するためのデータが公開されてこなかったので、日本で最低賃金はいったいどのような役割を果たしていて、引き上げれば何が起こるのかについて信頼できる研究は少ない。そのため、いつまでたっても、経営側は最低賃金の引き上げに反対し、労働側が賛成するという政治的な対立を公益委員が仲裁して決めるということになっている。

日本のデータを公開しても、世界中の研究者が研究してくれるわけではないという反論があるかもしれない。そんなことはない。社会科学においては、現実の経済を使った実験ができない以上、国際比較は有力な研究方法である。また、世界でも貴重なデータであれば、そのデータを使った研究は急速に進展する。

たとえば近年急速に進んでいるのは、北欧諸国のデータを用いた研究である。北欧諸国では、国民総背番号制のため、出生時の体重、身長から現在の所得まで全国民のデータを統合することができる。一卵性双生児の間での出生時の体重差がその後の所得にどう影響を与えるかといった研究のように、通常のサンプル調査では分析不可能なデータを用いた研究がつぎつぎと行なわれており、研究成果は一流の経済学専門誌に掲載されている。

実は、日本の統計法が改正され、二〇〇九年四月から研究目的向けに政府の統計や業務統計が公開されることが「可能」になった。しかしながら、「可能」になっただけで当該官庁がデータを公開しないことは自由である。

日本の役所もカナダの金鉱山会社の社長のように発想を転換させ、データを公開し、日本の経済社会の問題を解決する方法を世界中の研究者に求めてみてはどうだろうか。

日本の政治の政策論争が抽象的なものに終始する傾向が強いのは、野党がデータをもとに政策効果の分析ができないことにも原因がある。匿名性《とくめいせい》を担保された所得に関する個票データが公開されていたら所得格差の現状や原因について、野党側が分析した上で、政策提案ができただろう。

最低賃金付近で働いている人たちの生活水準は本当に低いのだろうか。最低賃金を引き上げると彼らの雇用環境はどうなるのだろうか。こうしたことをデータで分析した上で、最低賃金の引き上げについての議論がなされれば、最低賃金引き上げの論争もより実り多いものになるはずだ。

二〇〇七年から〇八年にかけて社会問題・政治問題になった「消えた年金記録問題」も、研究用にデータが公開されていたら、問題はもっと早く明らかになっていただろう。消えた年金記録の解決策についても、さまざまなアイディアを世界中から集めることも可能かもしれない。

インターネットでデータを公開することは、営業目的での利用も許してしまうので不可能だという考えもあるかもしれない。この点については、学術利用であることに同意した上でダウンロードを可能にするようなシステムを作ることで法的な問題は解決できるはずである。実際、世界銀行がもっているデータには、そういった方法で公開されているものもある[1]。

改正された統計法を有効に活用することによって政府統計データの公開を促進することで、よりよい政策論争を可能にする。これは、与野党のみならず日本人全員にとってもよいことのはずだ。「事業仕分け」の効率化にもつながるだろう。

1　たとえば、世界銀行データのアルバニア調査（http://www.worldbank.org/html/prdph/lsms/country/alb2002/agree.html#top）がその一つである。

6　市場経済のメリットは何か？

市場の失敗

二〇〇八年に発生したサブプライム問題を発端としてアメリカ経済が不況に入り、その影響が世界各国に広がった。そのため、アメリカ型の市場主義経済はすべてダメだ、という意見が浸透しているようにも見える。金融における規制緩和が行きすぎたことがサブプライム問題の原因なので、すべての規制を強化すべきだという議論である。どうも世の中の動きは、極端から極端に流れやすい。サブプライム問題で市場がうまくいかないと「市場は悪」というのは極端な話だ。市場が失敗する場合もあれば、成功する場合もある。

経済学は、どのような場合に市場が成功し、どのような場合に失敗するか、ということを厳密に議論してきた。市場が失敗する典型的な例には、供給独占がある。一つの企業だけがある製品を供給しているような状況では、その企業は競争圧力にさらされないので、高めの価格設定で少なめの製品供給をすることで、利潤を最大にできる。また、公害のような「外部性」と呼ばれる現象も市場の失敗だ。本来は、人に迷惑をかけている場合は、迷惑料を支払う必要があるが、そのための市場が存在しない場合は、迷惑をかけても損にならないので、過剰に公害が発生してしまう。利用料をうまくとることができない一般道や国の防衛というのも市場に任せてしまうと過少にしか供給できない。こうしたことは経済学の常識である。

この点について、元東京大学教授の小宮隆太郎氏は、『日本経済新聞』(二〇〇八年十二月一日)の「私の履歴書」で「最近、市場原理主義批判や新自由主義批判が目立つが、これは何を批判しているのか。レッセ・フェール(自由放任主義)の弊害や「市場の失敗」はケインズはもとよりそれ以前のマーシャルやピグーも指摘した。ミクロ経済学の常識である」と書いている。サブプライム問題は、市場が失敗する一つの例であり、情報の非対称性の問題である。

サブプライムローン問題の本質は、サブプライムローンという返済不能になるリスクの高い住宅ローンを正しく格付けせずに証券化したことにある。それまで、正しく格付けされていると思っていた証券の格付けが信頼されなくなった時に、どのようなことが起こるかを考えてみよう。まず、証券の格付けが信頼できなくなると証券の売り手と買い手の間に、証券の質についての情報の非対称性が発生する。では、情報の非対称性が発生すると、商品の市場取引に、どのようなことが発生するだろうか。この問題は、経済学ではよく知られている。二〇〇一年のノーベル経済学賞は、情報の非対称性に関する経済学を構築したアカロフ、スペンス、スティグリッツという三人の経済学者に与えられている。

なかでも、非対称情報が存在すると市場取引そのものがなくなる可能性を簡単なモデルで示したのがアカロフ教授である。彼は中古車市場におけるレモン（品質の悪い車）の問題を例に、この問題を説明した。

商品を購入する側が商品に関する正しい情報をもたない場合、売り手には不良品を高く売るインセンティブが生じる。一方で、消費者は不良品を買わされることを恐れてしまう。その結果、市場そのものが縮小し、場合によっては、買い手がいなくなって市場がうまく機能しなくなる。これが、非対称情報によって市場が失敗する理由である。サブプライムローンの格付けが信頼できなくなったとたんに、世界中の金融市場が機能しなくなったのは、このレモン問題が発生したからである。似たようなことに、耐震度を偽装したマンションの問題がある。表示されたマンションの耐震度が信頼できないのであれば、人々はマンションの購入をためらうだろう。

情報の非対称性が問題である場合には、正しい情報を開示することを義務付けるような規制と監視機関の設立が一つの解決方法である。他にも、継続的な取引をすることで人をだますことができないようにする、という解決方法もある。実際、情報の非対称性が問題になる金融市場や労働市場では、さまざまな規制が存在したり、継続的な取引慣行が存在している。それでも、市場の失敗を完全に解決することはできない。規制をすれば、その規制がきちんと働くように監視するコストがかかる。継続的取引に頼るためには、取引相手のインセンティブを高める工夫が必要になる上、もっと望ましい取引相手が見つかっても、後から新しい取引相手と取引ができない、という意味の損失がある。結局、私たちは、さまざまなトレードオフを考えて、社会の仕組みを考えていくしかない。

たしかに、市場が失敗する例は多い。しかし、それでも市場がうまく機能する場合も多い。スーパーに商品がたくさんあり、売れ残りや、品切れが少ないのは、市場経済がうまく機能しているからである。筆者の世代より上の読者ならば、社会主義経済の国が存在した頃、商品がない棚が目立つ商店の映像をテレビで見たことを記憶しているのではないだろうか。最近では、社会主義国がほとんどなくなったため、私たちが市場経済のメリットを感じることが少なくなってきているのかもしれない。私たちが普段、空気のありがたさを感じないことと似ている。

市場競争のつらさ

市場への参入規制が強ければ、市場参加者のなかでの競争は少なくなり、全員が高い利潤をあげられる。しかし、規制が緩和されて、市場競争が厳しくなると、市場参加者の間での格差が大きくなる。そうした市場競争を嫌う感情は、誰にでもあるものだろう。参入規制が強いと、市場参加者と参加できない者との格差が大きいが、その格差はあまり実感されない。ところが、誰でも競争に参加できるようになると、競争に参加している者同士の格差が明確になる一方で、市場参加者は市場競争に勝ち残るために一所懸命に努力する。このような市場の厳しい規律付けは、誰にとってもつらいものだ。競争が大好きという人も多いかもしれないが、常に競争を強いられるというのはつらい、というのが多くの人の本音だろう。

だからこそ、市場の失敗が明らかになると、もともと市場を憎んでいた人たちの声が大きくなり、反市場主義の世論が高まってしまう。逆にいえば、市場競争が多くの人にとってつらいものであるからこそ、市場競争のメリットがそれ以上にあることを、私たち自身が努力して認識し続けなければならない。

市場競争のメリット

市場競争のメリットとはなんだろう。経済学者は、市場競争に任せると、最も効率的にさまざまな商品やサービスが人々の間に配分されることを明らかにしてきた。つまり、売れ残りや品不足が発生しないという意味で、無駄がなくなるということだ。無駄がなくなるということは、同じだけの資源をもっている場合に、私たちの生活は市場競争のおかげで最も豊かになるということである。ただし、市場競争は、人々の間に発生する所得格差の問題を解決してはくれない。それでも、社会全体の所得が上昇するという意味で、市場経済が人々を豊かにするので、豊かな人から貧しい人に所得を再分配する余力も生まれて、貧しい人の生活水準を上げることもできる。簡単にいえば、市場経済のメリットとは「市場で厳しく競争して、国全体が豊かになって、その豊かさを再分配政策で全員に分け与えることができる」ということだ。

市場競争のデメリットは、厳しい競争にさらされることのつらさと格差の発生である。メリットは、豊かさである。ところが、日本人の多くは、市場競争のメリットとデメリットでは、デメリットのほうが大きいと考えている人の割合が極めて高い。すでに紹介したとおり、アメリカのシンクタンクのピュー研究所の調査によれば、「格差が拡大したとしても市場競争で人々はより良くなる」という意見に賛成する人の割合は、日本人では四九パーセントである。ところが、世界の多くの国では、この比率は七〇パーセントを超える。アメリカはもちろん中国やインドでは、市場経済に対する信頼がある。ロシアでさえ五三パーセントという日本より多くの割合の人が、市場経済を信頼しているのだ。

日本人は、所得再分配政策を国にも頼っていない。「自立できない非常に貧しい人たちの面倒をみるのは国の責任である」という考え方に賛成する人の比率は、多くの国で八〇パーセントを超えるが、日本では五九パーセントと例外的に少ない。

つまり、日本以外の多くの国では、市場経済のメリットとデメリットを人々はよく理解していて、メリットのほうが大きいと判断している。これに対し、日本では資本主義の国であるにもかかわらず、市場競争に対する拒否反応が強いのである。日本は市場競争のメリットを、自分たちに言い聞かせる努力をしてこなかったのではないだろうか。

独占禁止法

市場競争のメリットを理解していないのは、一般の国民だけではない。市場競争を活性化させる仕事をしている日本の政策担当者も、市場競争のメリットを理解していないそうだ。二〇〇八年九月に近畿大学で日本経済学会秋季大会が開催され、「独禁法と競争政策の進化と設計――法と経済学のインターフェース」というパネル討論が行なわれた。[1] 日本を代表する産業組織を専門とする経済学者が独占禁止法をめぐって議論した。そこで、複数の専門家が、「独占禁止法に関する政策の当事者たちの多くが法学者で、経済学者が少ない」という指摘をしていた。市場競争のメリットを理解していない人が多いのでは、市場競争の活性化をもたらす政策である独占禁止法どころか、規制緩和政策そのものの意味も、当事者がわかっていない可能性が高い。

パネラーの発言のなかには、「独禁法は、『消費者の利益のために存在』し、『競争者の保護ではなく、競争の保護』が日本以外の国での標準なのに、日本ではそうなっていないのではないか」という問題提起があった。消費者保護の仕事は、本来は公正取引委員会の仕事のはずなのに、消費者庁という別の組織が作られたことが、日本の独占禁止政策の歪みを反映しているのではないか、という指摘もある。国民一般に市場競争のメリットが理解されていないから、行政も政治も、市場競争をうまく利用するという発想に欠けてしまうのである。

学校教育の影響？

市場競争のメリットを学ぶのは、家庭や学校である。しかし、日本では子どもが市場競争を実感することはなかなか難しい。そこで重要になるのが、学校での教育である。経済の仕組みを教えるのは、学校教育では社会科である。中学校や高校の社会科の教科書を読むと、市場経済の仕組みは書いてあるが、市場経済のメリットはほとんど書かれていない。市場経済では、需要と供給が一致するところで価格と数量が決定される、というメカニズムが説明されているが、それが、どのような意味でメリットをもつのか、という点は説明されていない。

一方、独占の問題や市場の失敗は、非常に強調されている。独占が問題なのは、競争が排除されて効率性が阻害されることである。独占的な売り手であれば、競争相手がいた時よりも少ない量を高い価格で販売することで、より多くの利益を上げることができる。それによって、競争的市場よりも生産量が低下してしまうということが非効率性の原因である。独占的な企業に負けてしまった生産性の低い企業がかわいそうだから、独占が問題なのではない。独占の被害を受けるのは消費者なのであり、競争に負けた企業ではない。

しかし、教科書を読んだ生徒たちは、市場は失敗するし、独占はとにかく悪い、ということだけを理解するはずだ。多くの問題はあっても競争によって得るメリットは大きい、という共通の認識を私たちがもつような教え方をするべきではないだろうか。

これは、特定の教科書の書き方がそうなっているのではなく、すべての教科書に共通の問題点である。なぜそうなるかというと、学習指導要領では、市場競争のメリットを教えるように書かれていないからである。少し説明しよう。

◎小学校の学習指導要領

小学校の学習指導要領で、経済に直接関係するのは、五年生の範囲である。経済に関する目標には、「我が国の産業の様子、産業と国民生活との関連について理解できるようにし、我が国の産業の発展に関心をもつようにする」と書かれている。内容としては、つぎのように例示されている。

(1)我が国の農業や水産業について、次のことを調査したり地図や地球儀、資料などを活用したりして調べ、それらは国民の食料を確保する重要な役割を果たしていることや自然環境と深いかかわりをもって営まれていることを考えるようにする。

ア　様々な食料生産が国民の食生活を支えていること、食料の中には外国から輸入しているものがあること

イ　我が国の主な食料生産物の分布や土地利用の特色など

ウ　食料生産に従事している人々の工夫や努力、生産地と消費地を結ぶ運輸の働き

(2)我が国の工業生産について、次のことを調査したり地図や地球儀、資料などを活用したりして調べ、それらは国民生活を支える重要な役割を果たしていることを考えるようにする。

ア　様々な工業製品が国民生活を支えていること

イ　我が国の各種の工業生産や工業地域の分布など
ウ　工業生産に従事している人々の工夫や努力、工業生産を支える貿易や運輸の働き

ここでは、食料や工業が貿易で成り立っていることを理解させようとしている。つまり、市場取引を通じて、食品や工業製品が取引されているという実態の理解はさせている。しかし、市場がなかったとしたら、私たちの生活がどのようになるのかということを理解させることは、要求していない。酸素がなければ、火は消えてしまい、人はもちろん動物も生きていけない。それと同様に、市場経済がなければ、私たちの生活水準は大幅に低下する、ということを理解させることが必要ではないだろうか。

また、市場経済が成り立つためには、価格、数量、取引日などについて契約したことを私たちがきちんと守ることが不可欠であることを教える必要があるはずだ。約束の時間を守ること、借りたものは返さなければならないこと、といった私たち現在の日本人にとって当たり前のルールは、市場経済が機能するために必要なものである。そうした社会規範の成立は、市場経済の発達と密接に関係しているのである。

◎中学校の学習指導要領

中学校はどうだろうか。学習指導要領における経済関連の中学公民の目標は、「民主政治の意義、国民の生活の向上と経済活動とのかかわり及び現代の社会生活などについて、個人と社会とのかかわりを中心に理解を深めるとともに、社会の諸問題に着目させ、自ら考えようとする態度を育てる」というものである。

内容としては、つぎのことが例示されている。

身近な消費生活を中心に経済活動の意義を理解させるとともに、価格の働きに着目させて市場経済の基本的な考え方について理解させる。また、現代の生産の仕組みのあらましや金融の働きについて理解させるとともに、社会における企業の役割と社会的責任について考えさせる。その際、社会生活における職業の意義と役割及び雇用と労働条件の改善について、勤労の権利と義務、労働組合の意義及び労働基準法の精神と関連付けて考えさせる。

その上で、注意点として、「網羅的で高度な取扱いにならないよう特に配慮するとともに、身近で具体的な事例を取り上げ、経済活動が様々な条件の中での選択を通じて行われるという点に着目させて、市場経済の基本的な考え方を理解させること」となっている。

ここでも、「市場経済の基本的な考え方」とされているだけで、市場経済のメリットを教えることは強調されていない。それに、社会で生きていく上で基本となる税金についての教育も欠けている。最低限、確定申告書を自分で書けるようにすることは、税金の知識を獲得する上でも重要であるし、それが国民の義務であることを理解させる必要がある。

◎高校の学習指導要領

高校ではどうだろうか。「現代社会」では、「現代の経済社会における技術革新と産業構造の変化、企業の働き、公的部門の役割と租税、金融機関の働き、雇用と労働問題、公害の防止と環境保全について理解させるとともに、個人と企業の経済活動における社会的責任について考えさせる」という目標が書かれている。ここにも市場経済のメリットは書かれていない。

つぎに、「政治・経済」という科目を検討してみよう。政経の目標では「現代の日本経済及び世界経済の動向について関心を高め、日本経済の国際化をはじめとする経済生活の変化、現代経済の機能について理解させるとともに、その特質を探究させ、経済についての基本的な見方や考え方を身に付けさせる」と書かれていて、つぎのような具体的な例が書かれている。

資本主義経済及び社会主義経済の変容、国民経済における家計、企業、政府の役割、市場経済の機能と限界、物価の動き、経済成長と景気変動、財政の仕組みと働き及び租税の意義と役割、資金の循環と金融機関の働きについて理解させ、現代経済の特質について探究させるとともに、経済活動の在り方と福祉の向上との関連を考察させる。

ここでは、きちんと「経済活動の在り方と福祉の向上との関連を考察させる」という経済の理解で最も大事なことが明記されている。しかし、実際の教科書は、「競争環境をうまく設定すれば、市場競争によって私たちは豊かになれる」という一番重要なメッセージを伝えることに成功していない。それは、市場競争のメリットを十分に伝えることをせずに市場の失敗と独占の弊害ばかりを強調しているためである。政府の役割を重視している一方で、政府の失敗の可能性があまり記述されていないのも特徴だ。

市場競争を正しく理解する

市場競争は、誰にとっても厳しいものである。市場で生き残るためには、市場競争という規律付けに従っていく必要がある。競争が大好きという人もいるかもしれないが、競争させられるのは嫌いだ、という人も多いだろう。競争から逃れて、安心できる生活をしたいという人も多いはずだ。それでも市場競争という仕組みを私たちが使っていくのは、市場競争のメリットがデメリットよりも大きいからである。より豊かになれること、誰にでも豊かになるチャンスがあることが大きなメリットである。

競争メカニズムを使うことが適切ではなかったり、うまく機能しない分野が存在することは事実である。しかし、現実の世界では、私たちは市場競争とうまく付き合って生きていかなければならない。そういう現実のなかで、市場競争のデメリットばかり強調してもはじまらない。私たちは、市場競争のメリットを最大限生かし、デメリットを小さくするよう規制や再分配政策を考えるという、市場競争に対する共通の価値観をもつべきではないだろうか。

1　柳川範之他（二〇〇九）「独禁法と競争政策の進化と設計――法と経済学のインターフェース［パネルディスカッション］」池田・市村・伊藤編『現代経済学の潮流二〇〇九』東洋経済新報社

II　公平だと感じるのはどんな時ですか？

●競争は格差を生む。その格差の感じ方に差が出るのはなぜか？

●価値観や選好は、経済のパフォーマンスにどう影響するか？

1　「小さく産んで大きく育てる」は間違い？

「小さく産んで大きく育てる」ということは、妊婦への指導だけではなく、企業の経営の場でもよく言われる。いきなり大きなプロジェクトをするのではなく、最初は小さなプロジェクトとして出発してみて、だんだんプロジェクトを大きくすることが事業の成功の秘訣《ひけつ》だということだろう。研究の世界でも同じことが言える。いきなり新しい研究テーマに、多額の予算をつけてはじめても失敗することが多い。それは、研究というリスクの大きな仕事の特性でもある。実際、革新的な研究の多くは、比較的少額の研究費を用いて行なわれたものが多いという調査結果もある。もちろん、これは研究費を審査する側の判断もある。アイディアが面白いというだけで、まだなんの実績も出ていないプロジェクトに多額の研究費をつけるはずもない。

では、本来の意味である赤ちゃんを「小さく産んで大きく育てる」というのは、本当に望ましいことなのだろうか。日本では、産婦人科の妊婦に対する厳しい体重指導もあって、出生時の赤ちゃんの平均体重は減少し続けている。これには、若い女性のやせ願望の高まりも影響しているだろう。ところが、このような低体重で生まれる子どもの増加傾向が続いているのは、先進国では日本だけである。

出生時体重の低下

日本の子どもの出生時の平均体重は、低下傾向が続いている。双子などの複産を除いた単産の平均体重は、一九八〇年には三二〇〇グラムだったが、二〇〇四年には三〇三〇グラムに低下している。二五〇〇グラム未満の低体重で生まれてくる比率は、一九八〇年は四・六パーセントだったが二〇〇四年には八パーセントまで高まっている（図II-1）。

このような出生時体重の低下は、どうして生じたのだろうか。妊娠中毒症などの疾病を防ぐために妊婦検診における体重管理を厳しくした結果かもしれない。また、「小さく産んで大きく育てる」という考え方が広まったことが理由なのかもしれない。それとも、日本の若

図II-1　出生時平均体重の推移

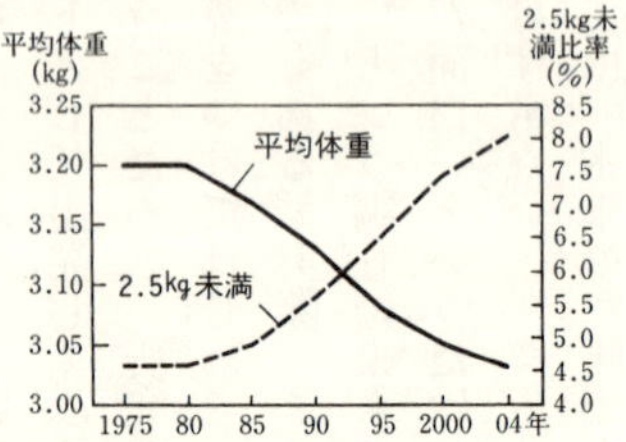

出所：厚生労働省「平成17年度出生に関する統計」

い女性の間の「やせ願望」が高まったことを背景としているのだろうか。あるいは、若者の間の貧困が増えて、妊婦の栄養が足りないことが原因なのかもしれない。実は、出生時の体重低下は、将来の日本経済に大きな影響を与える可能性がある。

出生時の体重とメタボリック症候群

医学的な研究を紹介しよう。一九九八年の『クリニカル・サイエンス』誌によれば、イギリスのサウサンプトン大学のバーカー教授は、一連の研究で出生時の体重が低いと成人になってから冠状動脈性心臓病・糖尿病・高血圧などの生活習慣病にかかる人の割合が高いことを明らかにしている[1]。胎児の期間の栄養状態が悪いと、代謝のメカニズムがその環境に応じてプログラムされて生まれてくるというのがバーカー教授の主張だ。つまり、胎児期における栄養が少ないと、飢餓状態に耐えるために、体内に脂肪を蓄積しやすいように体質をプログラムするというのだ。ところが、生まれてくると飢餓の世界ではなく、飽食の世界だ。飢餓に備えて作られた体質は、飽食の環境では、肥満に象徴されるメタボリック症候群をもたらしてしまう。

にわかには信じられない人も多いだろう。この点については、二〇〇八年八月、日本学術会議の臨床医学委員会・健康・生活科学委員会における合同生活習慣病対策分科会が、「出生前・子どものときからの生活習慣病対策」という提言で、日本でもこの問題が深刻であることを示している。この提言によれば、胎児期に栄養状態が悪いと、さまざまな臓器は発育不全になり、インスリン分泌不全、インスリン抵抗性、グルココルチコイド過剰状態、レプチン抵抗性、腎機能低下などが起こる。このような胎児期の機能の変化は胎児プログラミングとも言われている。変化した機能の特性は出生後も継続されるので、出生後に栄養過多になると、肥満、糖尿病、高脂血症、高血圧、メタボリックシンドロームなどに罹患《りかん》しやすくなるという。

日本学術会議の提言によれば、日本でもいくつかの疫学的研究が行なわれており、日本人においても、胎児期の低栄養が将来的なメタボリックシンドローム、高脂血症、インスリン抵抗性、2型糖尿病の要因になることが示されている。[2] 日本学術会議の報告によれば、このような傾向は、二五〇〇グラム未満のやや小さい出生時体重児でもみられていることに注目すべきということである。

出生時体重と大人になってからの経済状態

胎児期の栄養状態が、生まれてからの健康状態に大きな影響を与えるのが本当だとすれば、大人になってからの経済状態にも影響を与える可能性があるかもしれない。健康は、経済状況を大きく左右するからだ。

実際、出生時の体重とその後の社会経済状況との関係が、最近多くの経済学者によって研究されはじめている。なかでもコロンビア大学のカリー教授の展望論文は、衝撃的な内容である。[3]この論文によれば、出生時体重が低いことと、注意欠陥・多動性障害（ＡＤＨＤ）の発生率の高さ、教育水準の低さ等との間に相関があることが多くの研究で明らかにされてきているという。

しかし、出生時の低体重とその後の教育水準の間に相関があっても、低体重が低い教育水準をもたらしたという因果関係を示すことにはならない。なぜなら、子どもが生まれ育った家庭が貧しいということが、その子どもの出生時の低体重と低い教育水準の両方を引き起こしている可能性があるからだ。この点について、出生時の低体重とその後の子どもの社会経済的状況に関する因果関係を明らかにする研究が急速に進んでいる。たとえば、カリフォルニア大学ロサンゼルス校のブラック教授らは、ノルウェイの双子のデータを使って、双子同士での出生時体重の違いがＩＱ、教育、所得などに影響を与えることを明らかにしている。[4]彼らの推定によれば、出生時体重が一〇パーセント重いと所得を一パーセント高めているというのだ。他にも、母親の妊娠時の栄養状態を悪化させるさまざまな要因（景気の状況、インフルエンザの流行など）が、生まれた子どものその後に悪影響を与えることを示す研究が数多くなされている。

カリー教授は、貧困家庭の子どもが貧困となり、その子どもも貧困になるという貧困の連鎖の原因を、遺伝ではなく、つぎのように説明している。栄養状態の悪い妊婦から低体重児が生まれ、その子どもが育っても健康状態が悪く、所得が低くなる。所得が低い親となって、子どもを産むと低体重の子どもが生まれる。そうすると、またその影響が子どもが大人になったときに現れるというのだ。

大きく産む

ここで紹介した研究が正しいとすれば、日本における出生時体重の低下は将来、深刻な問題を引き起こすことになる。日本では、貧困によって栄養が十分にとれないという状況にはないにもかかわらず、出生時体重の低下が続いてきた。この傾向は、すでに述べたように、若い女性の間のやせ願望が大きな要因になっている。[5] また、若い男性の失業率が高いと出生時体重が下がる傾向もある。[6] 母親のストレスが影響するのかもしれない。これに加えて、日本学術会議(二〇〇八)では、妊娠女性の過度な体重増加抑制をその要因として指摘している。産科医や助産師は今まで十数年にわたって妊娠中に体重が増えすぎないように指導してきたという。この指導は、たしかに妊娠中毒症を減少させ、母体と新生児の予後を大きく改善した。ところが、最近の研究は、妊婦の体重の過度の抑制は、大きな問題をもたらすことを明らかにしている。

厚生労働省は、最近になって、妊婦の体重増加を過度に抑制することの弊害を認めている。二〇〇六年に厚生労働省は、「妊産婦のための食生活指針」（「健やか親子21」推進検討会報告書）を策定し、妊娠中は過度に栄養制限を行なわないで、適切な栄養を摂取することを推奨したのだ。ところが、まだまだ多くの産婦人科で、体重抑制指導がなされているのではないだろうか。バーカー教授が、出生時低体重の問題を発表してから二〇年経ってはじめて、日本の妊婦への指導が変わりはじめた。そのペースがあまりに遅いことに、日本学術会議の提言は、警鐘を鳴らしていると解釈できる。

ノーベル経済学賞を受賞したシカゴ大学のヘックマン教授は、就学後の教育の効率性を決めるのは就学前の教育であり、特に出生直後の教育環境が重要であることを、さまざまなデータを用いて実証的に明らかにしている。[7] 先に紹介した研究は、就学前どころか、出生前の栄養状態が、大人になってからの健康状態や経済状態に重要な影響を与えることを示している。また、日本学術会議（二〇〇八）によれば、出生後の体重の急激な増加は将来的な肥満や生活習慣病の要因になることが最近の研究で明らかにされたという。「小さく産んで大きく育てる」というのは、企業経営のプロジェクトについては正しくても、子どもについては間違いなのである。

1　Barker（1998）

2　たとえば、石川県の二十歳の四七二六人について調べた研究によれば、血圧、血清総コレステロール値と出生時体重との間には負の相関が観察されている（Miura *et al.*, 2001）。大学生の血清総コレステロール、中性脂肪値と出生時体重との間に負の相関をもつことを示した研究もある（Suzuki *et al.*, 2000）。六〜十五歳の肥満児九六七人を分析した研究によれば、出生時体重が少ないほど、インスリン抵抗性が高いことが明らかにされている（Tanaka *et al.*, 2005）。十〜十二歳の肥満児でのメタボリックシンドローム合併率は出生時体重が少ない群で高いことを報告した研究もある（菊池他、二〇〇六）。職場健診を受診した四十歳以上の二四七一人での2型糖尿病発症率を出生体重別に検討すると、低出生体重児では一一・四パーセント、正常出生体重児では六・九パーセントであり、低出生体重児が2型糖尿病になりやすいということが報告されている（Anazawa *et al.*, 2003）。

3　Currie（2009）

4　Black *et al.*（2007）

5　若い女性の間にやせ願望があることは、さまざまな研究から明らかにされている。たとえば、中学生から大学生までの女性にアンケート調査をした古川他（二〇〇三）によれば、「現在の体型別に自己の体重をどう変えたいか、についての希望をみると、肥満、過体重は当然ほとんどの者が減量を希望しているが、普通体重の者の九〇パーセント以上、低体重の者の約七〇パーセントがやせたいと思っており、やせの者の二〇パーセント以上も、さらにやせたいと思っていた。このようなやせ願望の一般化はどの年齢層にも共通していた」という結果が得られている。また、梶原他（二〇〇九）も若い女性の間にやせ願望が多いことをアンケート調査から調べている。

6　小原・大竹（二〇一〇）
7　Heckman (2006)

2　脳の仕組みと経済格差

ニューロエコノミクス

近年、経済学者が『サイエンス』や『ネイチャー』といった自然科学の専門誌に論文を発表したり、脳科学者が経済学の専門誌に論文を発表することがみられるようになってきた。ニューロエコノミクス（神経経済学）という学際的な分野が急速に発達しているためである。また、脳の発達の仕組みと教育との関係に関する研究も進んでいる。

神経経済学とは、行動だけからはわからない人間の意思決定の仕組みを脳科学の手法を用いて明らかにする研究領域である。神経経済学は、今まで経済学者が「ブラックボックス」としてきた脳の意思決定のプロセスを明らかにしてくれる。機能的磁気共鳴画像法（fMRI）を用いて経済実験を行なえば、人々が経済的な意思決定を行なう際に、脳のどの領域が働いているかを明らかにすることができるのだ。

伝統的な経済学は、人間が合理的に行動すると考えてきた。しかし、必ずしも合理的には行動していないことは、私たち自身がよく知っている。人間の意思決定や行動は、脳における情報処理の結果である。人間の非合理性も、脳の特性にもとづいているはずだ。将来よりも現在を極端に重視したり、利益よりも感情を重視してしまう人間の特性が、脳の仕組みに起因しているのであれば、経済学の構築も社会の仕組みもそれを前提に考える必要がある。

将来よりも現在を極端に重視してしまい、人が将来的には後悔してしまうような意思決定を行なう原因について、神経経済学的な立場で研究を行なっているのがスタンフォード大学のマクルアー氏らである。彼らは、被験者に近い将来の小さな利得と遠い将来の大きな利得のどちらがよいかを選択してもらい、選択前後の被験者の脳活動をｆＭＲＩを用いて調べた。その結果、近い将来の小さな利得が提示された場合には、腹側線条体《ふくそくせんじょうたい》、内側眼窩《ないそくがんか》前頭皮《ぜんとうひ》質《しつ》、内側前頭前野《ぜんや》がより活動することが観察された。これらの領野《りょうや》は、中脳のドーパミン神経細胞によって神経支配を受けている報酬系と一致している。報酬系の脳部位は、報酬の予測や獲得において活動を変化させることも知られている。一方、背外側《はいがいそく》前頭前野や頭頂《とうちょう》皮質は提示された利得の時期にかかわらず、すべての選択肢に対して同じように活動した。これらの領野は、高度の認知機能や数値の計算に関与していることが知られている。

彼らの研究結果を単純化して解釈すれば、つぎのようになる。人間は常に理性的な判断にもとづいて意思決定を行なおうとしているが、これに反して近い将来の利得は情動的な反応を促し、意思決定を左右することになる。つまり、情動が勝ってしまうと、遠い将来の大きな利得よりも近い将来の小さな利得を選んで、後悔してしまうことになるのである。これが、多くの人が夏休みの宿題を夏休み最後の日に必死になって仕上げることや、ダイエットに失敗することの背景にあるというのだ。ただし、ニューヨーク大学のグリムチャー教授らの最近の研究によれば、マクルアー氏らの研究結果は必ずしも確認されていない。この分野の研究がまだまだ発展途上であることもわかる[1]。

似たことを合理性と感情との関連で明らかにした研究で有名なものにアリゾナ大学のサンフェイ教授らの研究がある。彼らは最後通牒《つうちょう》ゲームと呼ばれる実験を被験者にしてもらい、その時の脳の活動を計測した。最後通牒ゲームとは、つぎのようなものだ。ＡさんとＢさんの二人がいて、一万円を分けるとする。このとき、Ａさんが分け方を提案するが、Ｂさんがその提案を拒否すれば一万円そのものがなくなり、Ｂさんが提案を受け入れればＡさんの提案どおりに配分される。何も受け取らないよりは受け取ったほうがいいので、一円以上の提案をすればＢさんは受け取るはずだ。

しかし、経済実験の結果では二〇パーセント以下の配分という提案は拒否されることが知られている。サンフェイ教授らはｆＭＲＩを用いて、提案を受けた側の被験者は、痛みや嫌悪といった不快な情動と関連する島皮質《とうひしつ》と呼ばれる脳の部分が活性化すると提案を拒否することが多いことを明らかにした。[2] 逆に、前頭葉の一部である前頭前背側皮質がより活性化した場合には、提案を受け入れることが多いという。

このように、私たちの意思決定の仕組みを脳の働きまで遡《さかのぼ》って生物学的に考える研究が進んでいるのである。

就学前教育の重要性と脳科学

脳科学と経済学の学際的研究は、神経経済学的研究にとどまらない。近年の経済学の研究成果で脳の発達に関する脳科学の知見にもとづいた注目すべき研究がある。二〇〇〇年にノーベル経済学賞を受賞したシカゴ大学のヘックマン教授らの一連の研究である。ヘックマン教授は、二〇〇六年の『アメリカ科学アカデミー紀要』誌に神経生物学者であるスタンフォード大学のクヌーズセン教授らとの共同論文を発表し、「経済学的にも神経生物学的にも、将来の労働力を強化し生活の質を高めるための最も効率的な戦略は、幼少期の恵まれない子どもたちの境遇を改善することである」と主張した。[3] ヘックマン教授らの研究は、恵まれない子どもに対する長期の介入実験の経済学的な解析結果と、脳の発達メカニズムに関する脳科学の研究の学際的な成果なのである。

ヘックマン教授は、ペリー就学前計画という就学前の子どもたちに行なった教育支援の実験的政策の効果を明らかにしている。三歳から四歳のアフリカ系アメリカ人の恵まれない子どもたちに対して行なった、午前中の学校教育と午後からの先生の家庭訪問を含む二年間の介入実験の結果、同じような境遇にあった子どもたちが四十歳になった時点で比較すると、介入実験を受けた子どもたちは、高校卒業率、所得、持ち家率が高く、婚外子をもつ比率、生活保護受給率、逮捕されるものの比率が低かった。

これは、介入を受けた子どもたちが高い学習意欲をもったことが原因だという。ペリー計画の投資収益率は、一五パーセントから一七パーセントという非常に高いものになるという。生後四か月から行なった別の介入実験では、子どもたちのＩＱも高まったとされている。

学校教育の段階で恵まれない子どもたちへの援助をしたところで、就学以前の段階での家庭環境が悪いとあまり効果がないことも明らかにされている。アメリカの研究によれば、親の所得階級による子どもの数学の学力差は、六歳時点においてすでに存在し、その学力格差はその後も拡大を続ける。ただ、就学以前の段階できちんと教育を受けていた場合には、学校教育における援助は大きな効果があるという。つまり、家庭環境に恵まれなかった子どもたちに、学校教育以降でのみ援助しても効果がなく、就学前の段階での援助と組み合わせることが重要だというのだ。

このような発見は、脳の発達に関する研究成果とも対応するとヘックマン教授らは指摘する。さまざまな認知能力・非認知能力の発達には、感受性期が存在するということが発達神経科学の研究で知られている。第二外国語の発音は、十二歳以下で学ばないと不完全なものになってしまう。白内障にかかって生まれた子どもは、生後一年以内に白内障の手術をしないと視覚を失ってしまう。つまり特定の年齢層で発達すべき能力が適切に発達しないとその後の教育効果は小さい。再チャレンジは重要だが、それが成功するための素地は幼少期に決まってしまうのである。幼少時に育った家庭環境が、その後の学力や所得に決定的に大きな影響を与えるということが学問的に明らかにされてきたのであれば、幼少期にある恵まれない子どもたちへの教育支援の重要性を私たちが認識して、政策にも反映させる必要がある。

脳科学と経済学の学際的な研究ははじまったばかりであり、まだまだ確定的な結果が得られているわけではない。しかし、急速に発展していることも事実である。この分野の今後の発展に注目したい。

1　McClure *et al.*（2004）および Kable and Glimcher（2007）
2　Sanfey *et al.*（2003）
3　Knudsen *et al.*（2006）

3　二〇分食べるのを我慢できたらもう一個

マシュマロテスト

やる気や協調性、リーダーシップといった非認知能力が、社会で成功する上で重要な要因であることは、一般にはよく知られている。しかし、こうした能力の効果が経済学で分析されるようになったのは最近のことである。最近の実証研究では、高校時代のリーダーシップの有無が将来の所得に影響を与えることや忍耐強さや協調性といった非認知能力が所得にプラスの影響を与えることが確認されている[1]。

非認知能力の一つに時間割引率がある。時間割引率とは、将来のことをどの程度割り引いて考えるかという程度を表す。時間割引率が高いと将来のことをあまり重視しないことを意味する。逆に、時間割引率が低いと、将来のリターンを重視することになり、教育や訓練を受けて生涯所得が高くなることが予想される。では、こうした時間割引率は、人生のどの時点でどのように形成されていくのだろうか。

心理学者のミッシェルと正田は、四、五歳の子どもたちに対して行なった「マシュマロテスト」という有名な実験で、子どもの頃の忍耐強さの有無がその後の社会での成功に大きな役割をもつことを示した。[2] 彼らは、四、五歳の子どもにマシュマロを一個見せて、実験者が部屋に戻ってくるまで食べるのを我慢したら、もう一つあげる、と言って部屋を出て約二〇分後に戻ってくる、という実験を行なった。彼らは、その時食べるのを我慢できた子どもとそうでない子どもを一〇年後に追跡調査した。その結果、我慢できてマシュマロを二個もらった子どものほうが、そうでない子どもよりも成績がよく、リーダーシップもあり、社会性を備えていたことが示された。つまり、忍耐力という非認知能力の幼少期での形成の有無が、その後の人生に大きな影響を与えるのである。

せっかちなのは生まれつき？

時間割引率は、生まれつき決まっているものなのだろうか、それとも親や学校での教育で決定されるものだろうか。時間割引率が、親の教育で決定されるという前提で、経済成長の仕組みを説明する経済学者もいる。たとえば、子どもに対する利他的動機をもった親が、将来子どもの直面する経済環境に最も適した時間割引率と余暇（労働）選好を形成するように努めることをモデル化することで、産業革命を描写した研究がある。[3] 教育を受けることが有利になる経済環境のもとでは、時間割引率が低く、余暇への選好が少なくなるように家庭でしつける、というのである。

このモデルの前提となっているのは、親の教育によって、子どもの時間割引率が変わるというものである。この点について、筆者らは、時間割引率が低い（忍耐強い）親は、自分の子どもを厳しくしつける傾向が日米ともにあることをアンケート調査から明らかにした。[4] もし、時間割引率が遺伝的な要素だけで決まっているのであれば、家庭や学校での教育が時間割引率に与える影響をモデルに取り込んでいくべきではないかもしれない。

学歴が高いほど、所得が高いほど時間割引率が低いということは、実証的に明らかにされている。[5] 親の貯蓄行動が子どもの教育や貯蓄に影響を与えていることを示した研究もある。[6] アメリカのデータを用いて、親と子どもの資産の間に相関があることを明らかにした研究もあり、親子の間に時間割引率に相関がある可能性を示唆している。[7] バウアーとチィティロバはウガンダのデータを用いて、高学歴者ほど時間割引率が低いことを示している。[8] ただし、これらの相関関係が因果関係を示しているとは限らない。

教育投資が時間割引率を引き下げるのか否かという因果関係を明らかにすることは難しい。時間割引率が高いから低学歴なのかもしれないが、一方で教育を受けていないから時間割引率が高いのかもしれないからだ。教育と時間割引率の間の因果関係を明らかにする標準的な方法は、教育年数の変化が本人の選択の影響を受けないで発生するような状況を利用して、教育から時間割引への因果関係を識別することである。バウアーとチティロバは、ウガンダの義務教育制度が年によって変化してきたことをうまく分析に用いて、教育年数が長い人ほど時間割引率が低いことを明らかにした。

もう一つの方法は、双生児を用いた時間割引率や危険回避度の遺伝的特性の程度を調べるという手法である。一卵性双生児と二卵性双生児の間における選好がどの程度似ているかということから、選好の遺伝割合を調べるのである。一卵性双生児は、二人とも同じ遺伝子をもって生まれてきているため、選好が遺伝的特性と強い関係をもっているのであれば、二人の選好は同じものになるはずだ。一方、二卵性双生児は、平均すると五〇パーセントの遺伝子が同じになるので、遺伝的特性と強い相関がある選好の特性の二卵性の双子内での相関は五〇パーセントになるはずだ。時間割引率が遺伝的な影響を受けているとすれば、一卵性双生児の二人の間の相関は一〇〇パーセントになって、二卵性双生児での相関は五〇パーセントになると予測できる。この特性を使えば、経済学的な選好の特性の遺伝的な影響の大きさを推定することができるのである。

たとえばセサリニらは、双生児へのアンケートを分析することで、危険回避度や利他性のうち約二〇パーセントは、遺伝的な要素で説明できることを明らかにした。[9] 一方、家庭環境のような共通環境要因はあまり重要ではないことを明らかにしている。最後通牒ゲームを双生児に行なわせて、利他性の程度を調べ、利他性について遺伝的要素の存在を明らかにした研究もある。[10] つまり、利他的かどうかは、ある程度遺伝的な影響を受けているというのだ。時間割引率については、双生児へのアンケートをもとにした筆者らの共同研究[11]で、遺伝的な貢献が約二五パーセント程度であることが示されている。

逆にいえば、こうした双生児研究の成果は、遺伝的な要素だけで時間割引率や危険回避度が決定されているわけではないことを示しており、こうした選好の特性が家庭環境や教育によって決定されている程度が大きいことを意味している。

人間は生まれながらの平等主義か？

伝統的な経済学では、人間は自分の利益だけを考えて行動するという利己的な存在として分析されてきた。自分の利益だけを考えるという人間像は狭すぎることは間違いない。しかし、市場競争に直面している場合には、利己的な人間を想定して分析することで、十分に現実を理解することができるのも事実である。ところが、多数の人を相手にするような市場ではなく、雇用関係や比較的少ない相手とのやりとりで、相手の行動と自分の行動がお互いの利益に直接関係するような状況の場合には、利己的な人間を前提にした理論的な予想が、現実をうまく説明しないことが知られている。「脳の仕組みと経済格差」で紹介した最後通牒ゲームで、自分にとって大きく不利な提案をしてきた相手に対し、利己的に考えれば受け入れたほうがいいにもかかわらず分配提案を拒否するという行動はその例である。

自分に親切にしてくれる人に対しては、自分も親切にするというのも、伝統的な経済学の考え方から離れるが、多くの人にみられる行動様式だろう。同じ職場のなかでの賃金の分配についても、生産性の差がある程度存在した場合、生産性の差のとおり大きな差をつけて賃金が支払われるよりも、あまり差が大きくないほうを望む人も多いかもしれない。もちろん、自分が多いほうがうれしいだろうが、同僚の賃金よりあまりに多すぎても、逆に同僚の賃金よりも少なすぎてもうれしくない人もいるだろう。同僚との間に生産性の差があって、同僚より低い賃金しかもらえなかった時は、賃金の額が少ないという不満に加えて、同僚よりも少なかったという不満が付け加わるのではないだろうか。他人が多くの賃金をもらっていると聞くだけで妬《ねた》みの感情が生まれて、不幸になってしまう人もいるだろう。

このように、他人との比較から不満が生まれるというのは、人間が自分のことだけを考えて行動するとみなしてきた伝統的な経済学では考えられていなかったことである。言い換えると、人間には何らかの公平感があり、その公平感から現実が乖離《かいり》すると不満をもつと言える。

では、人間の公平感は生まれつきのものなのだろうか。チューリッヒ大学のフェール教授らは、人間の公平感は、何歳頃から発達するのか、それはチンパンジーやマーモセットといったサルとどのように異なるかを実験によって明らかにした。[12] 彼らは子どもたちに、お菓子を自分と別の子どもに分ける方法を選ぶ三つの課題を行なわせた。三つの課題はつぎのとおりである。第一は、お菓子を自分とパートナーの相手に、自分も相手も一個ずつか、自分だけが一個とするかを選ばせる（社会性ゲーム）。第二の課題では、被験者は自分も相手も一個ずつか、自分は一個で相手が二個という分配のどちらかを選ばせる（妬みゲーム）。第三の課題では、自分も相手も一個ずつか、自分だけが二個という分配から選ばせる（共有ゲーム）。平等主義をもっている子どもは、どの課題も一個ずつの分配を選ぶことになる。

チンパンジーやマーモセットという動物を使った研究では、平等主義が観察されないことが知られている。チンパンジーもマーモセットも社会性ゲームでは平等を選ばない。妬みゲームでは、チンパンジーは平等にしようとすると嫌がり、マーモセットは自分から不平等にしようとする。

フェール教授らの研究によれば、人間の子どもも三～四歳であれば多くは利己的に行動すると報告されている。五～六歳になると、共有ゲームで平等を選ぶ子どもは二二パーセントに増えるが、まだ少数派である。しかし、七〜八歳になると共有ゲームで四五パーセントの子どもが平等主義を選ぶようになる。年齢だけではなく、兄弟姉妹の有無も平等主義的価値観に影響するとのことだ。一人っ子は、兄弟がいる子どもよりも共有ゲームでより平等主義的な行動をする。また、兄弟がいる子どものなかでは、末っ子が共有ゲームで平等分配を一番嫌うことが示されている。

つまり、利己主義か平等主義かという価値観は、教育や家庭環境によって形成されていくことがこの実験で明らかにされているのだ。私たちが平等主義的な価値観をもっているとすれば、それは家庭や学校での教育の結果であって、人間が生まれながらにもっている価値観ではないのである。社会全体が平等主義的な価値観をもっているなかで、自分だけが利己的な価値観をもって行動すると、社会的には成功することはできないだろう。時間割引率で示される忍耐強さというのも、社会で成功する上で重要だった。あるいは、リーダーシップの有無というのも社会的成功の重要な要素である。今までは、経済格差を解消するためには、学校教育における知的能力の訓練が有効だと考えられてきた。しかし、ここで紹介したような非認知能力の発達が経済格差に大きな影響を与えるのであれば、そこに配慮した就学前からの教育が重要だということになるだろう。

1 Heckman and Rubinstein (2001), Heckman, Stixrud, and Urzua, (2006), Kuhn and Weinberger (2005)

2 Mischel and Shoda (1988)

3 Doepke and Zilliboth (2008)

4 Horioka, Kamesaka, Kubota, Ogaki and Ohtake (2009) "Though Love and Discounting: Empirical Evidence," 行動経済学会第三回大会報告論文

5 Lawrence (1991), Houseman (1979)

6 Knowles and Postlewaite (2005)

7 Charles and Hurst (2003)

8 Bauer and Chytilova (2007)

9 Cesarini *et al.* (2009)

10 Wallace *et al.* (2007)

11 Hirata *et al.* (2010)

12 Fehr *et al.* (2008)

4　夏休みの宿題はもうすませた？

夏休みの宿題

子どもの頃、夏休みの宿題を夏休み最後の日に必死になって仕上げた記憶をもっている人は多いだろう。ダイエットしようと思っていて、ついつい食べすぎてダイエットに失敗した経験をもっている人もいるのではないか。カードを使って買い物しすぎて、多額のカードローンを抱え込んでしまう人もいる。年金の未加入問題も、未加入である多くの若者は、老後の年金よりも現在の消費を重視して、年金保険料を支払わないという選択をしている。ひょっとすると、年金保険料を払わなかった若者は、老後になって後悔するかもしれない。

宿題を先延ばししたり、ダイエットを先延ばししたり、年金保険料を支払わなかったりして、後で後悔することは誰でもよくあることだ。ところが、伝統的な経済学では、後悔しない人間を前提にしてきた。後悔しないとは、環境が変わらないかぎり最初の計画が、後になっても最適であり続けるということだ。経済学では、このような人々の行動を時間整合的と呼ぶ。逆に、後悔してしまうような意思決定を時間非整合的であるという。

後悔する人が少なくないにもかかわらず、伝統的な経済学では後悔しない人を前提にしてきたのはなぜだろう。たしかに、宿題をきちんと提出できない人や、カードを使いすぎるという人は、まともな経済生活ができず、市場競争で淘汰《とうた》されてしまい、影響力をもつのは後悔しないような経済行動をする人だけになる、というのが標準的な考え方だ。だからといって、経済学で、ごくありふれた後悔する人間を取り扱わなくてもいいとは言えない。

実際、社会には、合理的で後悔しない人間にとっては、いわばおせっかいとも言えるような規制に満《み》ち溢《あふ》れている。代表的な例は、強制加入の公的年金制度である。自分で老後貯蓄をすることができる人にとっては、公的年金制度は不必要な制度である。一方で私たちは、将来の選択肢をあえて狭めてしまうような行動をとることもある。たとえば、英会話学校やスポーツジムの会費を支払う際に、毎月会費を支払うのではなく、それほど割引がなくても前払いを選ぶ人もいるだろう。これは英会話学校やスポーツジムに通うことに挫折《ざせつ》しないための方法である。同じように費用がかかる結婚式をする慣行も、衝動的な結婚を防止する仕組みとも考えられる。

おせっかいな規制や制度、慣行が存在するということは、人間が後悔するということを前提にしないと理解できない。逆に言えば、公的な規制、税制、社会保障制度を設計する上では、後悔する人間を前提としてシステムを設計することが不可欠なのである。したがって、後悔するような人間をモデルにして、経済学を構築する必要がある。実際、後悔するような非常に人間的なタイプの人を経済モデルで分析する分野が近年急速に発展してきており、行動経済学と呼ばれている。単に非合理的な人間の特徴を分析する研究であれば、心理学や社会学でも分析されてきた。行動経済学は、経済実験やアンケートを用いて実証的に分析し、数学的なモデルで展開するという点で、伝統的な経済学のスタイルを維持しつつ、ある種の非合理性を分析可能にしているのである。

せっかちさを測る指標

経済学では、人間が後悔するのは、時間割引率がある特徴をもっていることが一つの原因だと考えられている。時間割引率とは言い換えれば、「せっかちさ」の程度である。ひと月後に一万円もらうのと一年とひと月後に一万一〇〇〇円もらうのとでは、どちらも同じ価値があると考える人がいたとすれば、その人の時間割引率は年一〇パーセントということになる。時間割引率が指数関数で表される場合、人々の行動は時間整合的になる。指数関数の形状の時間割引率をもっている人々であれば、その行動は時間整合的になり、後悔することはない。

年利一〇パーセントの固定金利の定期預金を考えよう。この場合、最初の一年間の金利も、一年後から二年後にかけての金利も同じ一〇パーセントである。時間割引率がちょうど固定金利の複利のようになっている（指数関数）タイプの人を考えよう。このような時間割引率をもっている人であれば、今から一年先のことを計画したとき、実際に十一か月が過ぎても、う一度一か月先（もとの時点から一年後）のことを考え直しても、時間が経過した以外の環境の変化がなければもともとの計画を変更したいという気持ちにはならないはずだ。

時間割引率に関する実験

時間割引率の特徴を明らかにするために大阪大学社会経済研究所で行なった実験を紹介しよう[1]。約六〇名の被験者に対して、つぎのような質問をした。読者は、どちらを選ぶだろうか？

質問1　あなたはつぎのABのうち、どちらを選びますか？
A　2日後に3万5000円受け取る
B　9日後に3万5200円受け取る

質問2　あなたはつぎのABのうち、どちらを選びますか？
A　3か月後に3万5000円受け取る
B　3か月と1週間後に3万5200円受け取る

実は、質問1でA、質問2でBを選んだ人の時間割引率は指数関数型ではない。
次ページの図II-2は実験の結果を示している。被験者が、それぞれの質問で近い将来の一週間お金をもらうのを待つことと、少し遠い将来で同じ一週間お金をもらうのを待つことに、それぞれどの程度の金利を要求するかを図示している。

質問1の割引率は約四五パーセントだが質問2の割引率は約一六パーセントであり、質問1の直近の一週間待つことの割引率のほうがはるかに高いという結果を得ている。つまり、平均的には近い将来の時間割引率が、遠い将来の時間割引率より高いのである。このことは、人々の決定が時間非整合であることを意味している。

具体的に説明してみよう。当初、三か月先に二〇〇円多くもらえばさらに一週間待つことを喜んで選んでいた人は、実際に三か月経過したとき、二〇〇円の割り増しでは一週間は待てないと感じるようになるだろう。つまり、三か月前に結んだ契約を後悔することになるのである。

図Ⅱ－2　時間割引率

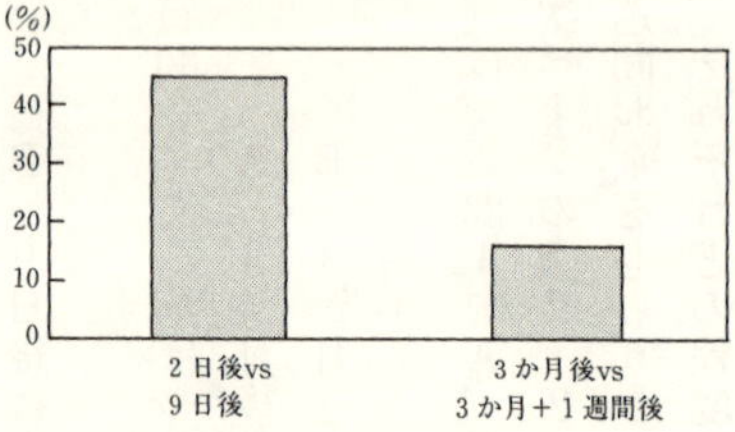

出所：池田・大竹・筒井（2005）

双曲割引

遠い将来の時間当たり割引率が、近い将来の時間当たりの割引率より低下するような特性をもつ時間割引率は、「双曲割引」と呼ばれている。このような双曲割引型の時間割引選好を前提にすると、宿題を先延ばしにして後悔することや、カードで衝動買いをしてカード破産してしまうという事実を説明することができるのである。

消費者金融で借り入れて債務整理になった人は、消費者金融で借り入れた経験はあるが債務整理になっていない人より、夏休みの宿題を最後にしていた人の割合が高く、双曲割引の特性が強いことがアンケート調査から明らかになっている。また、消費者金融から借り入れた経験がある人は、消費者金融から借り入れをしたことがない人よりも、夏休みの宿題を最後にしていた人が多い[2]。また、夏休みの宿題を最後にしていた人は、そうでない人よりも肥満になっている傾向があることもアンケート調査から明らかになっている[3]。

しかし、多くの人がこのような双曲割引の時間割引率をもっているにもかかわらず、全員がカード破産しているわけではないし、夏休みの宿題ができなかった人ばかりではない。

少し合理的な人は、自分の時間割引の特徴が時間非整合的であるということを知っている。そのような人は、時間非整合的な行動をとらないようにあらかじめ自分の行動を縛ってしまう。たとえばクレジットカードを持ち歩かないようにしたり、クレジットカードの利用額に制限をつけておくというのもカード破産に陥らないための自己防衛である。一度積み立てると引き出すのが困難な定期預金や個人年金といった金融商品に貯蓄したり、住宅のように売却が困難な資産を購入することも、老後のための貯蓄を取り崩してしまわないようにするための自己規制の方法である。年功賃金制度も、人々が無駄遣いをして後悔しないようにするための仕組みとして理解することもできる。

双曲割引と脳の働き

人が後悔する原因に、双曲割引という時間割引の特性があることを説明した。この双曲割引は、私たちの脳の特性から発生している可能性があることを、脳科学と行動経済学の融合領域ともいえるニューロエコノミクスが明らかにしはじめている。神経経済学は、さまざまな経済実験を行なって、経済的な意思決定が脳のどのような領域で行なわれているかをfMRIやPET（陽電子放出断層撮影法）といった脳の画像撮影装置を用いて明らかにするものである。双曲割引についてもニューロエコノミクス的研究が進んでいる。たとえば「脳の仕組みと経済格差」で紹介したマクルアー氏らの研究はその例である。彼らは、近い将来に関する意思決定を行なう際に活動する脳の領域と、将来のどの時点の意思決定についても活動する脳の領域が異なることを、fMRIを用いて明らかにした。つまり、人間の脳には、アリとキリギリスの両方の思考システムがあるのだ。

人間も生物である。極端な合理性を仮定して人間の経済行動を分析するという手法で大きな成功を収めてきた経済学は、心理学や脳科学と交流することで、より人間的な学問に変貌しつつある。

1　池田・大竹・筒井（二〇〇五）
2　筒井・晝間・大竹・池田（二〇〇七）
3　Ikeda, Kang and Ohtake（2010）

コラム② わかっちゃいるけど、やめられない

「たばこを吸う人の多くは、ギャンブルもやるし酒もやる」。大阪大学二一世紀COEアンケート調査から池田新介教授が明らかにしている（筆者編『こんなに使える経済学』ちくま新書）。それだけではない。池田氏によれば、たばこを吸う人は吸わない人よりも不幸であり、その不幸の程度は、年収が約二〇〇万円減ったのと同じだという。スモーカーやギャンブラーは、住宅ローン以外の負債を抱えている比率も高いそうだ。

たばこ、ギャンブル、お酒というのは、どれも依存症になりやすいという意味で共通している。つまり、「わかっちゃいるけど、やめられない」のだ。経済学では、こうした財のことを中毒財と呼ぶ。中毒財の特徴は、中毒財を今消費することからの満足度は、過去に中毒財をより多く消費していれば消費しているほど大きくなることにある。

このことを池田氏は「過去の喫煙量が多いほど今日の一本はうまく、同様に今日の一

本は明日以降のたばこをさらにおいしくする」と説明している。したがって、何らかのきっかけで、たばこやギャンブルをはじめてしまうと、そこから抜け出すことは至難の業になってしまう。

特に、もともと後回し行動をとるタイプの人は、中毒財から抜け出すことが難しい。「中学生の時、夏休みの宿題をいつやりましたか」という阪大二一世紀COEアンケートの質問に「夏休みの最後のほうにやった」と答えた人は、たばこを吸いやすく、ギャンブルをしていることが多く、借金を背負う確率も高い。

不幸になることがわかっているのに、中毒財の悪循環から抜け出せないのが依存症の最大の不幸だ。こうした依存症を防ぐ方法は二つある。一つは、中毒財の価格を税を課すことで引き上げることだ。もう一つは、中毒財の販売を禁止してしまうことだ。

中毒財に税を課すことのメリットは、中毒財の購入を減らすと同時に、税収をもたらしてくれることだ。池田教授の論説によれば、アメリカとカナダでのたばこ売上税の増税が喫煙者の節煙をもたらして、彼らの幸福度を上げたという研究があるそうだ。日本でも一〇パーセントのたばこ価格の上昇が一年後の喫煙量を六・五六パーセント減少させるという福岡大学の万軍民准教授の研究がある。世界保健機関（WHO）が二〇〇八年二月七日に発表した世界各国のたばこ規制に関する包括的な報告書でも、喫煙による健康被害を防ぐ方法の一つとしてたばこ価格を引き上げることが有効と指摘されている。

中毒財の販売を禁止してしまうことの利点は、中毒財を消費する機会そのものをなくすことができることだ。ベイラー大学のグリノルズ教授とジョージア大学のマスタード教授は、アメリカでカジノが設立された地域でギャンブル依存症が原因だと考えられる犯罪の発生が増えていることを実証的に示している（*Review of Economics and Statistics*, 2006）。逆に言えば、カジノを規制すればその分犯罪が減ることになる。もちろん、規制を守らせるための監視費用が高くつくという問題はある。しかし、少なくともパチンコのCMや駅前のパチンコを規制することは簡単だ。同時に、パチンコの課税を強化することも一つである。最近、韓国・台湾ではパチンコが法的に禁止されたそうだ。たばこやギャンブルに対する課税や規制を強めることで、人々が幸福になるのなら真剣に検討すべきではないだろうか。

5　天国や地獄を信じる人が多いほど経済は成長する？

文化の差に経済学者が注目

国によって経済的な豊かさだけではなく、経済成長率や失業率がずいぶん異なる。このような経済的な成果の国による差はなぜ発生するのだろう。この原因について、一般の人は文化や政治にその原因を求めることが多いかもしれない。しかし、経済学者は経済政策や経済制度の差にその原因を求めることが多かった。できるかぎり文化的な差については、重視しないというのが長い間の経済学の伝統であったからだ。

一方、社会学者は、文化や価値観が長期間変化しないものと考えて、その価値観が経済行動に影響すると考えることが多い。経済学者は、文化や価値観の差としてみえるものの多くは、経済環境や経済制度の差に人々が合理的に対応したものであって、価値観や文化が経済制度を生み出しているとは考えてこなかったのである。

最近になって、宗教、家族に関する価値観、性別役割分担、公共心といった価値観や文化が、国による制度の差や経済パフォーマンスの差を生み出しているという研究が経済学者によって盛んに行なわれるようになってきた。[1]

宗教と経済

文化のなかで典型的なものは、宗教である。さまざまな宗教の教義は、人々の価値観か行動様式に影響を与える。祝日や休日は宗教の影響を大きく受けて定められているため、直接的に労働のあり方に影響を与える。寄付行為や女性労働のあり方にも宗教は影響を与えるだろう。では、天国や地獄を信じるかどうか、という価値観は経済に影響を与えるだろうか。

実は、バローとマッキナリーという二人の研究者が、[2]国際比較データを用いて、国による各宗派の比率の差や宗教的な価値観の差が経済成長に与える影響を分析している。この結果によれば、天国や地獄といった死後の世界の存在を信じる人の比率が高い国ほど経済成長率が高い一方、教会に熱心に行く人の比率が高い国ほど経済成長率が低いという。つまり、宗教的な価値観が人々の行動に影響を与え、生産性に影響している可能性があるのだ。

天国や地獄を信じる人は、天国に行くことを目指してまじめに仕事をするのだろうか。あるいは、天国での生活を信じているので時間割引率が低く、将来のことをよく考えて行動している結果、貯蓄も投資も増えて、経済成長率も高くなるのかもしれない。

それでは、教会に行くような熱心な信者が多いと、なぜ経済成長率が低くなってしまうのだろう。バロー教授らは、教会に行く人の割合が高いということは、それ自体は生産的な活動をしない宗教サービスに資源がより投入されることが反映されているのではないか、と推測している。

出生率・労働規制と文化

日本は、出生率が低く、少子高齢化が大きな問題になっている。少子化対策が行なわれてもなかなか出生率は上昇しない。出生率の決定には、教育費をはじめとして子どもを育てることのコストが高いという経済的な要因が重要だと考えられてきた。実際、多くの研究で経済的な要因の重要性が確認されてきている。

しかし、特に少子化対策をしているわけではないのに、出生率があまり大きく下がっていない国が存在するのも事実である。もしそうなら、出生率の決定にも文化的な要因が大きな影響を与えているのかもしれない。実際、フェルナンデスとフォグリは、アメリカ人の出身国の出生率や自分の兄弟姉妹の数といった出身国や家族における子どもの数に関する価値観が、本人の子どもの数に影響を与えることを確認している。[3] つまり、子どもは多くもつのが普通だという文化の国からアメリカに移民してきた人は、そうでない文化の国から移民してきた人よりも平均して多くの子どもをもつというのである。そうすると、少子化対策には、子どもは二人以上もつべきだという文化をどう作るかという政策が重要なのかもしれない。

一方、アルガンとカユックは、宗教の差が保護主義的な考え方と相関していることを示している。[4] カトリック、仏教、イスラムはプロテスタントに比べて、経済変動に伴って男性の雇用を女性の雇用より守るような制度を好む傾向があることを示している。つまり家族を男性が養うべきというマッチョな男性に対する選好がある国では、男性に関する解雇規制が強くなる傾向があるという。

少子化対策や男女共同参画を進めるために、保育所の整備にお金をかけるべきだという議論があっても、なかなか政治的には実行されない。この背景には、子育てに対する伝統的な価値観の存在があるだろう。実際、就学前の子どもは家庭で面倒をみるべきだという価値観や親の面倒を子どもがみる国では、近年、女性の就業率があまり伸びていない一方で、若年男性や高齢者の就業率が低下しているという。[5]

このような関係が統計的に観察される背後には、家事労働を代替する耐久消費財の価格低下があると言われている。耐久消費財の価格低下は家事労働を機械に代替させるので、女性の就業率が高まることがよく知られている。一方、家族が一緒に時間を過ごすことが大事だという価値観の国では、女性が働くようになった結果、若年男性や高齢者が家族との時間を過ごすことをより重視するようになる。一方、そのような選好がない国では、家事労働から解放された人々は、より外で働くようになる。アルガンとカユックは、就業率を高めるために保育所の整備をしたとしても、もともと就学前の子育ては家庭ですべきだという価値観が高い国だと、あまり効果がないと指摘している。

宗教は、労働市場に関する規制だけではなく、他の市場における規制にも影響している。カトリックの国々ではプロテスタントの国に比べて、貸し手の権利が弱いということを実証的に示している研究が存在する。[6]

公共心と解雇規制

アルガンとカユックの研究によれば、不正に社会保障給付を受け取ることへの罪悪感が小さい社会では、失業保険が充実せず、解雇規制が強いそうだ。[7] 彼らは、発覚しなければ政府の給付を不正に受け取ってもいいと考える人の比率が高い国ほど失業給付の水準が低く、解雇規制の程度が高いことを、OECD諸国のデータを使って実証している。受給に関する道徳観が高いのは北欧諸国で、低いのはフランスやギリシャなどの地中海沿岸諸国であった。ちなみに日本は、OECD諸国の真ん中くらいになる。

つまり、伝統的経済学が念頭においてきた極端に利己的な人々を前提とすれば、労働市場の規制が強くなるという皮肉な結果が得られるのだ。失業は多くの人にとって最大の所得リスクである。雇用不安が高まると失業による所得リスクを小さくするための政策が重要になる。最も典型的な失業リスクに備えるための公的政策は失業保険制度である。完全な失業保険があれば、人々は失業しても消費水準を下げなくてすむ。

失業保険制度の最大の問題は、仕事をするのが嫌で働きたくない人が、失業したと偽って失業保険をもらったり、まじめに職探しをしないことだ。このようなふまじめな失業保険受給者を排除するために、失業給付の水準を低くしたり、失業給付期間を短くしたりすることが多くの国で行なわれている。

そのような場合、人々を失業による所得ショックから政府が守っていくためには、政府は人々の失業リスクそのものを引き下げる政策をとらざるを得ない。一つの方法は、解雇規制を厳しくすることである。そうすれば、すでに雇用されている人々の所得低下リスクは小さくなる。一方で、仕事を探している人の就職率が低下するので、失業期間は長期化する。それでも、現在雇用されている人のほうが、仕事を探している人より多いので、国全体としては失業リスクが低下し、人々の所得低下リスクも低下する。雇用調整が難しくなることによって、生産性が低下するというコストがかかるが、人々の雇用の安定が得られるのである。

家庭や公共心といった価値観は、その国の制度や経済環境に影響を受ける可能性も高い。保育所が整備された国だと、子育てを家庭でやるべきという価値観は薄くなるだろう。実際、経済環境が文化や価値観に影響を与えることは、すでに紹介したように、ギウリアーノとスピリンバーゴの研究で示されたとおりだ[8]（Ⅰ-2「勤勉さよりも運やコネ？」参照）。

一方、競争にさらされると私たちの価値観はどのような影響を受けるだろうか。激しい競争にさらされると、他人を信じないようになると予想されるが、現実には逆らしい。規制緩和が進んだ地域や競争が激しい産業で働いている人ほど他人を信頼する傾向が高い、という研究がある[9]。

これらの研究は、文化から経済という因果関係だけではなく、経済から文化や価値観という因果関係が存在することを示している。このような逆の因果関係について、アルガンとカユックは、アメリカ人の出身国とさまざまな価値観の関係を調べることで対処している[10]。アメリカに来た移民は現在はアメリカに居住しているため、アメリカ社会によって価値観が形成されるのであれば、出身国は無関係なはずである。分析結果は、アメリカ人のさまざまな価値観は出身国の特徴を大きく反映していることが明らかにされている。つまり、現在居住している国の経済制度から価値観が形成されるというよりも、価値観のほうが先にあって経済行動やその国の経済制度の形成に影響を与えるというものである。

私たちの経済は、私たちの文化から切り離しては考えられないという、経済学者以外からすればごく当たり前のことが、経済学者自身による厳密な研究からつぎつぎと明らかにされてきている。これは、経済学が、今までよりも現実社会をきちんととらえられるようになってきたことを表す一方で、経済成長を高めるような政策を考えていくことの難しさも明らかになってきたことを示している。

1 Fernandez (2008), Tabellini (2008)
2 Barro and McCleary (2003)
3 Fernandez and Fogli (2006)
4 Algan and Cahuc (2006)
5 Algan and Cahuc (2007a, b)
6 Stulz and Williamson (2003)
7 Algan and Cahuc (2009)
8 Giuliano and Spilimbergo (2009)
9 Francois and Ypersele (2009)
10 Algan and Cahuc (2009)

6　格差を気にする国民と気にしない国民

国会での格差社会論争

二〇〇〇年代になってからの日本社会を表す言葉は、「格差社会」であろう。その象徴が、二〇〇六年の国会で格差社会について議論が行なわれたことである。学会ではなく、国会で日本が格差社会になったかどうか、それが悪いことかどうかが、議論されたのである。この年一月から二月にかけての国会での主なやりとりを整理してみよう。

まず、一月十八日の自民党大会で、公明党の神崎武法代表が「バブル景気崩壊後、富裕層と貧困層の二極化が拡大しつつある。どうセーフティネットをつくるかが課題だ」と懸念を表明した。これに対し、翌一月十九日の「月例経済報告に関する関係閣僚会議」で、内閣府が「統計データから経済格差は確認できない」という説明をした。[1] この内閣府の見解について、再び公明党の神崎代表は、「私が全国を回って現場の声を聞いた実感、それから民間のデータなどを見ると、明らかに格差は拡大している」と批判している（一月二十日）。

一月二十三日、民主党の前原誠司氏が衆議院代表質問で、「在任中にフリーター、ニートが定着し、格差が拡大した社会を生み出したことをどう認識しているか」と質問した。小泉純一郎首相は「統計データからは所得格差の拡大は確認されず、資産も明確な格差拡大は確認されていないとの報告を受けている。政府としてはニート、フリーターの自立支援対策の充実などを進めている」と答えている。

その翌日には、公明党の神崎代表が衆議院代表質問で、「構造改革の進展で格差拡大という歪《ゆが》みが広がっている。政府は現場の切実な声に耳を傾けるべきだ」と批判している。これに対して小泉首相は、「構造改革は弱者を切り捨てるものではない。一時期敗者となってもまた勝者になり得る機会をつくることが大事だ。しかし将来の格差拡大につながりかねないフリーターやニートの問題がある。若年層の未就業者や生活保護受給者の増加、都市と地方の格差といった最近の動きには注意が必要だ」と答えている。

一連の構造改革路線が「格差社会」を助長しているとの批判に関し、衆議院予算委員会（一月二十六日）で小泉首相は、「将来、格差が広がっていくのではないかとの懸念はある。だからこそ対策は打っていかなければならない」とも発言している。

一月二十七日の衆議院予算委員会で与謝野馨担当相は、格差が拡大しているとの指摘に対し「ジニ係数をみると、若干上がっていることは事実だが、小泉政権のもとでの改革とその問題とは、直接、実は関係はないと思っている」と述べた上で、格差拡大の要因としては「むしろ経済の動向、特に大変不振を極めた日本経済が雇用、雇用形態を通じて格差拡大をもたらしたと解釈している」と指摘している。さらに今後は「経済も明るさが見え出した。たとえば非正規雇用という雇用形態が少しずつ解消されていることは、（格差）問題を解消させる方向に働くと考えている」と語っている。[2]

二月一日の参議院予算委員会で小泉首相は、民主党の鈴木寛氏の質問に対して、所得格差の現状認識として「所得・資産格差は言われているほどではない」とした上で「将来の状況を考えると、おろそかにできない」と答えた。[3] 同時に、小泉首相は「格差が出ることが悪いとは思わない」、「成功者をねたんだり、能力ある者の足を引っ張ったりする風潮を慎まないと社会は発展しない」[4]とも発言している。

さらに、二月六日の衆議院予算委員会で小泉首相は「人生は二者択一ではない。勝ち組はいずれ負け組になるかもしれないし、負け組もまたチャンスがあれば勝ち組になるかもしれない」と、失敗しても再挑戦可能な社会を目指すべきだと訴えている。[5]

こうしてみると、国会での格差論争は、格差の事実認識、格差に対する価値観、格差に対する政策のあり方まで、幅広く議論されていたことがわかる。

所得格差の実態

格差社会について国会論戦が繰り広げられたのは、構造改革に対する批判や次期総裁選といった政治的な理由があるにしても、その背景に日本人の間に格差感が高まっていたことがある。実際、内閣府の『国民生活選好度調査』によれば、「収入や財産の不平等が少ないこと」が「ほとんど満たされていない」と考えるものの比率は、一九八〇年代から傾向的に上昇しており、二〇〇五年には四人に一人になっていた。その上、統計上も実際に所得格差がこの間上昇傾向をもっていたことは多くの研究で明らかにされている。

それでは、なぜ所得格差が継続的に拡大してきたのだろうか。この疑問について、筆者は拙著『日本の不平等』で詳細に論じた。傾向的な所得格差の拡大の多くは、人口の高齢化で説明できる。日本では最近の二十代を除いて、同じ年齢層内の所得格差は変わっていない。それにもかかわらず、日本全体として所得の不平等化が進んできたのは、人口の高齢化が原因だ。

日本では年齢が高い人のほうが年齢層内の所得格差が大きい。人口高齢化によって日本人のなかで所得格差が大きいグループが増えてきたため、日本全体の所得格差が広がってきたのだ。日本は若い頃の所得格差が小さく、所得格差は四十歳以上になって顕著になる。年功的処遇のもとで、競争の結果が出るのは四十歳を過ぎてからだ。人口の高齢化によって結果が出てきた年齢層の人口比率が高まったのである。

ただし、一九九〇年代の終わりから二〇〇〇年代の初頭にかけては、若年層での所得格差が拡大している。この若年層の格差拡大は、超就職氷河期で急増したフリーターと失業者が原因である。超就職氷河期が発生したのは不況が原因だ。実際、その後の景気回復で二〇〇八年までの新規学卒者の就職状況は好転していった。

所得格差の拡大の多くは、人口構成の高齢化で説明できる。しかし、生活水準の格差を示す消費の格差は五十歳以下の年齢層で拡大する傾向にある（『日本の不平等』）。なぜ消費と所得で格差の推移に違いがでるのだろうか。消費を決定するのは現在の所得だけではなく、将来の所得と現在の資産も影響を与えるからだ。資産格差や将来の所得格差が拡大すると現在の消費の格差も拡大する。所得税の累進度の低下も可処分所得の格差を拡大させ、消費格差を拡大する要因になる。

アメリカにおける所得格差

日本の所得格差の長期的な動きは、人口構成の高齢化で説明できた。それでは、所得格差が急拡大していることで知られるアメリカでは、その原因はどのように説明されているだろうか。アメリカ経済学会の学会誌『アメリカン・エコノミック・レビュー』の二〇〇六年五月号には、アメリカの所得格差の実態について分析した三つの論文[6]が掲載された。[7]いずれの論文も一九九〇年代以降のアメリカにおける所得格差拡大の特徴は、高所得者、高学歴者の所得が他の所得階層に比べて急激に高まったこと、高学歴者のなかでの格差が大きくなったことを示している。

掲載された論文のうち、ピケッティとサエズの二人の経済学者の研究によれば、アメリカでは所得上位〇・一パーセントの高額所得者の所得総額が全国民の総所得に占める比率は、一九六〇年代から七〇年代にかけて二パーセント程度であったが、二〇〇〇年には七パーセントを超えている。しかも、高額所得者がより高所得になった原因は、資産所得が増えたことではなく、給与所得が増えたことである。このような高額所得者による所得の独占度の高まりは、イギリスやカナダといった英語圏で共通に観察される。一方、日本とフランスでは、高額所得者の所得の独占度は第二次世界大戦後、ほぼ二パーセント程度で安定して推移してきており、その傾向は二〇〇〇年代に入っても変化していない。[8]

近年、アメリカにおける高額所得者がより高所得になった理由を、経済学者はどのように説明してきただろうか。最も標準的な説明は、技術革新とグローバル化である。簡単に説明してみよう。

第一に、ホワイトカラーの仕事は、決まり切った仕事がコンピューターによって代替され、コンピューターによって代替されにくい高度な知識労働と単純労働とに仕事が二極化してきた。第二に、グローバル化で未熟練労働を集約的に用いた製品が途上国から先進国に輸出されるようになったことに加えて、コンピューター化がホワイトカラーの仕事の一部を先進国から途上国に移すことを可能にした。第三に、このような技術革新によって、経営者に必要とされる能力が企業に特殊なものからどの企業でも通用する一般的なものに変わってきたことが、経営者の労働市場を拡大し、経営者にプロスポーツ選手や歌手のようなスーパースター現象を発生させた。

しかし、これらの現象は、先進国で共通に発生してきたはずだ。どうして、日本とフランスでは、高額所得者の所得独占度が高まらなかったのだろう。ピケッティとサエズの両氏は、二つの可能性を指摘している。

第一の可能性は、日本やフランスでは、労働市場の規制が残っていたり、組合の力が強かったり、所得格差に関する社会的規範が存在することで、高額所得者の所得が市場価値より低めに抑えられているというものである。この場合、経営者の所得が高まることは効率性を高めることになる。第二の可能性は、アメリカでは経営者の裁量権が高まったので、自分たちの所得を高めに決めるようになったというものである。この場合は、経営者は株主から超

過利潤を搾取《さくしゅ》しているだけなので、経営者の所得増加は効率性の上昇を伴っていない。どち
らの仮説が正しいのか、現段階ではよくわかっていない。

所得格差に関する意識の日米差

アメリカでは、急激なスピードで所得格差が拡大しているのに、格差拡大が政治問題化し
ているわけではない。逆に、日本では高齢化以外の要因での格差拡大は小さいにもかかわら
ず、所得格差は政治問題化している。

なぜ、このような違いがあるのだろうか。ここで、大阪大学二一世紀COEプロジェクト
で行なった日米比較アンケート調査（二〇〇六年二月）の結果を紹介しよう。[9] 図Ⅱ-3には、
過去五年間およびこれから五年間に、所得・収入、資産、消費水準の格差が拡大した（す
る）と認識（予想）している人々の比率を示している。アメリカ人で格差拡大を認識あるい
は予想している人の比率は、どの指標でみても五〇〜六〇パーセント程度である。これに対
し日本人は、所得格差では六八パーセント、資産格差では六〇パーセントの人が過去五年間
で拡大したと認識している。さらに、アメリカに比べて特徴的なのは、格差が拡大すると予
想している人の割合が、過去五年間に格差が拡大したと思っている人よりも高いことである。

図Ⅱ-4に、「所得はどのような要因で決まっていると考えているか」という質問で、そ

図II－3　格差拡大の認識（日米比較）

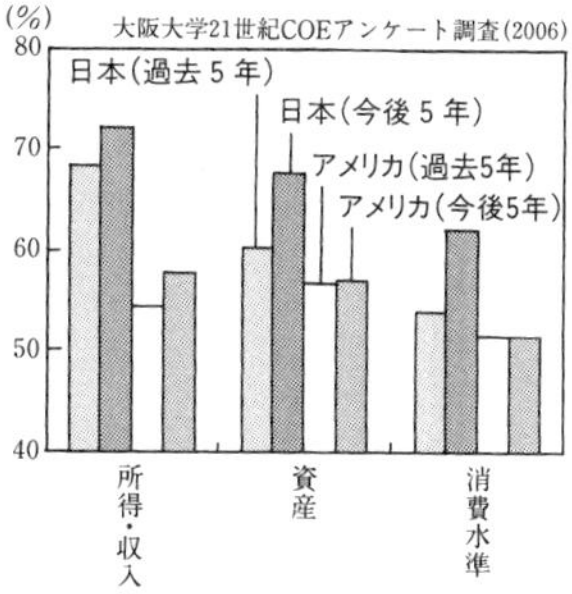

大阪大学21世紀COEアンケート調査(2006)

図II－4　所得は何で決まっているか？

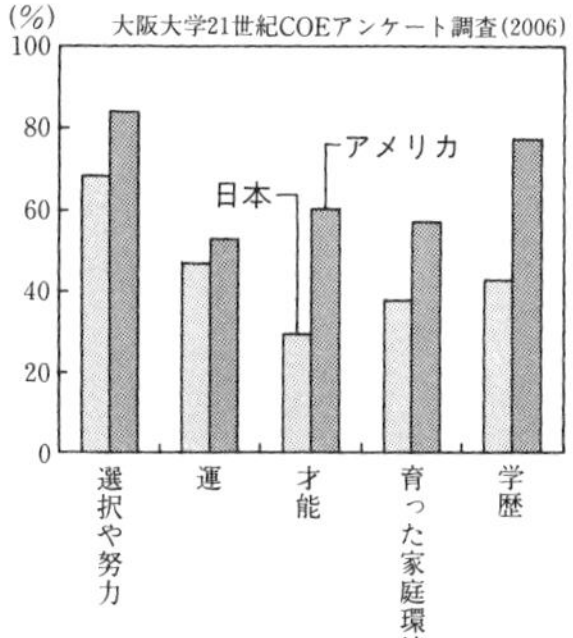

大阪大学21世紀COEアンケート調査(2006)

れぞれの要因が所得を決めていると思っている人の比率を示した。日米ともに「各人の選択や努力」が所得を決めていると考えている人々の割合が最も高い（日本六八パーセント、アメリカ八四パーセント）。「その時々の運」という人の割合は、日米でほぼ同じである。これに対して、日米で大きく異なるのは、才能と学歴である。アメリカでは「学歴が所得を決定する」と考えている人の割合は七七パーセントであるのに対し、日本では四三パーセントにすぎない。また、アメリカでは「才能が所得を決定する」と考えている人が六〇パーセントであるのに対し、日本では二九パーセントである。アメリカ人が重要だと考えているのは努力、学歴、才能の順番であるのに対し、日本人は努力、運、学歴の順番である。

図Ⅱ-5　所得は何で決まるべきか?

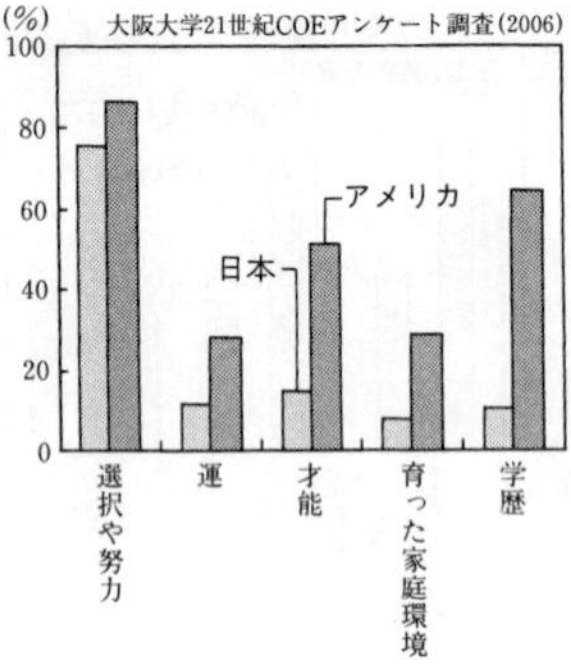

大阪大学21世紀COEアンケート調査(2006)

日米で所得格差の考え方に大きな差が生じるのは、「所得が何で決まるべきか?」という価値観である。図Ⅱ-5を見ると、日米ともに「選択や努力」で所得が決まるべきだと考えている人が一番多い。しかし、アメリカでは、学歴や才能で所得が決まるべきだと考えている人の比率が五〇パーセントを超えるのに対し、日本では一〇〜一五パーセントにすぎない。つまり、日本人は「選択や努力」以外の要因で所得が決まることに否定的で、アメリカ人は才能や学歴による所得の差を認める傾向にある。図には示していないが、「将来豊かになれる機会は平等にある」と考えている人の比率は、日本では一五パーセント、アメリカでは四三パーセントで、両国に大きな差がある。

日本人は「選択や努力」以外の生まれつきの才能や学歴、運などの要因で所得格差が発生することを嫌うため、そのような理由で格差が発生したと感じると、実際のデータで格差が発生している以上に「格差感」を感じると考えられる。また、日本の経営者の所得がアメリカのように高額にならないのは「努力」を重視する社会規範があるためかもしれない。一方、学歴格差や才能による格差を容認し、機会均等を信じている人が多いアメリカでは、実際に所得格差が拡大していても「格差感」を抱かない。こうしたことが、日米における格差問題の受け止め方の違いの理由ではないだろうか。つまり、所得格差の決定要因のあるべき姿に関する価値観と実際の格差の決定要因とに乖離が生じた時に、人々は格差感をもつのだろう。

1　「月例経済報告等に関する関係閣僚会議配付資料」(http://www5.cao.go.jp/keizai3/getsurei-s/shiryou-index.html)
2　ロイター二〇〇六年一月二十七日
3　Asahi.com 二〇〇六年二月一日
4　『日本経済新聞』二〇〇六年二月二日朝刊
5　『日本経済新聞』二〇〇六年二月七日朝刊
6　Autor, Katz and Kearney (2006), Lemieux (2006), Piketty and Saez (2006)
7　"The Economist" 二〇〇六年六月十六日号にもアメリカの所得格差拡大に関する最近の研究を紹介した記事が掲載されている。
8　日本における研究は、ノースウェスタン大学の森口千晶氏とカリフォルニア大学のSaez氏の研究にもとづいている (Moriguchi and Saez, 2007)。彼らの研究では、二〇〇五年までのデータを用いた分析がなされており、少なくとも二〇〇五年までは日本の高所得者の所得独占度は上昇していない。
9　大竹・竹中 (二〇〇七)

7　何をもって「貧困」とするか？

二〇〇九年十月、厚生労働省は日本の相対的貧困率を公式な統計として初めて発表した。二〇〇六年において一五・七パーセントという数字は、OECD諸国のなかでも高水準である（図Ⅱ-6）。もっとも、日本政府が発表したのは初めてであっても、OECDがそれ以前に計算した結果を発表していたので、研究者にとってはそれほど驚くべき数字ではなかった。しかし、一般の人々にとって、日本に貧困者が七人に一人もいるという事実はかなりの驚きをもって迎えられた。いくら不況が続くとはいえ、豊かな平等社会だと多くの人が思っていた日本にそれほど多くの貧困者がいるとは、ということだろう。

この貧困率の発表が行なわれた後、多くの人から「どうして日本の貧困率が高いのか？」という質問を受けた。その質問に対する回答はつぎのとおりである。

日本で高いのは相対的貧困率

日本で高いのは、相対的貧困率であって、絶対的貧困率ではない。相対的貧困率は、所得の順位が五〇パーセントの人の所得の半分以下の人の人数比である。日本では、比較的低位から中位の人の所得が高いので、五〇パーセント目の人の所得（中位所得）は高めに出る。

極端なケースを考えてみよう。A国では、下から二〇パーセント以下の人の所得がゼロ、二〇パーセントから五五パーセントまでの人の所得が一〇〇万円、五五パーセントから一〇〇パーセントまでの人の所得が一〇〇〇万円だったとする。この時、中位所得は一〇〇万円なので所得五〇万円以下の人の割合が相対的貧困率となる。すなわちA国の相対的貧困率は、二〇パーセントになる。

B国では、下から四〇パーセント以下の人は九九万円、四〇パーセントから五五パーセントの人は二〇〇万円、五五パーセント以上の人は一〇〇〇万円だったとしよう。このとき、中位所得は二〇〇万円になるので、その半分の一〇〇万円以下の人の比率は、四〇パーセントとなる。

図Ⅱ－6　相対的貧困率の推移

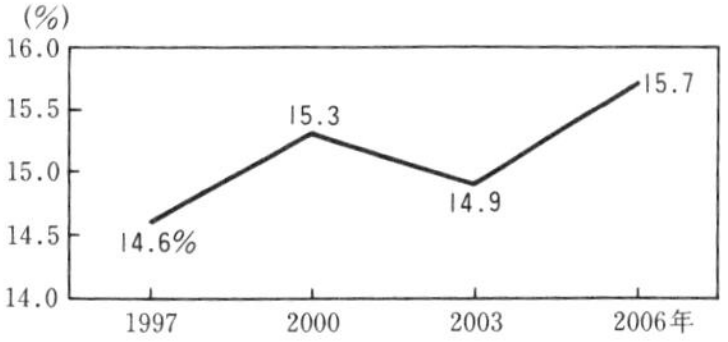

出所：厚生労働省　http://www.mhlw.go.jp/houdou/2009/10/h1020-3.html

絶対的な意味で貧しい人の比率は、A国のほうが高いと判断すべきではないだろうか。一〇〇万円以下の人の比率は、A国では五五パーセントなのに対し、B国は四〇パーセントである。A国では所得がゼロの人の比率が二〇パーセントもあるが、B国では〇パーセントだ。しかし、相対的貧困率という指標だとB国が四〇パーセントで、A国は二〇パーセントとB国のほうが高くなってしまう。真ん中の所得階級の人が豊かな国ほど、この指標だと貧しい人が多くなる傾向にある。変な指標かもしれないが、人々が何をもって貧困だと感じるかということで、貧困の指標は変わってくるのである。

もし、真ん中の所得階級の人の半分の所得がないと、強いストレスを感じて貧しいと思う人が多ければ、相対的貧困率の指標は意味がある。不平等（感）が健康を悪化させ、寿命にまで影響を与えてしまうということが不平等と健康に関する研究で明らかにされてきている（たとえば、リチャード・ウィルキンソン著『格差社会の衝撃』を参照）。アメリカにおける貧困者の平均寿命は貧困国の平均寿命よりも短い。また、アカデミー賞受賞者は、候補にあがったけれど受賞しなかった人に比べて四年も長生きしているという。逆に、半分以上の人がとても貧しい社会なら、少々貧しくても自分は貧困だと感じないかもしれない。

日本で貧困状態にあるとみなされる人の所得は、世界でみると高いほうであることは事実である。絶対的な意味で貧しいのではない。病院に行けない人や食事をとれない人や服を買えない人の比率が高いわけではないことが、いくつかのアンケート調査から知られている。

しかし、貧しいと感じる人が多ければ、ストレスを感じるために、さまざまな社会問題が起こってくる原因になるはずだ。

統計による違い

相対的貧困率のもう一つの問題は、統計による違いである。実は、日本の貧困率は、それを計算するために使った統計によって異なっている。厚生労働省が発表した数字は、『国民生活基礎調査』という厚生労働省が調査している統計をもとにしている。これ以外にも総務省が調べている『全国消費実態調査』という統計もある。『全国消費実態調査』だと相対的貧困率は、八パーセント程度で、『国民生活基礎調査』の数字の半分ほどである。では、どちらが正しいのだろうか。おそらく、実際はその中間にあると考えられる。なぜなら、どちらの統計にもクセがあるからだ。

『国民生活基礎調査』は、福祉事務所が調べているため、福祉を受給している世帯の調査の比率は高くなると予想できる。結果的に、低所得者の比率が実際より高めに出るのではないだろうか。一方、『全国消費実態調査』は、別の調査担当部局が調べている上、答える側が家計簿をつける必要もある。国民は国の統計に答える義務があるが、忙しい人のなかには断る人も出てくる。低所得者と高所得者には家計簿をつけることを嫌って調査を拒否する人が多いことが知られている。貧困率に大きな影響を与えるのは低所得者の回答率である。したがって、『全国消費実態調査』の貧困率は低めに出る。このため、厚生労働省が発表した相対的貧困率が高めに出たのかもしれない。

相対的貧困率が上昇している理由

なぜ、最近になって貧困率が高くなってきたのだろうか。これには、いくつかの理由がある。

第一は、不況の影響である。不況のために経済全体の所得が低下しているが、低所得の人が失業すると貧困につながる可能性が高い。

第二は、技術革新の影響である。コンピューターの発達で、コンピューターの得意な計算、決まり切った仕事はどんどん人からコンピューターに変わってきている。現在は駅の改札はすべて自動改札であるが、昔は駅員の人が切符を確認していた。電子メールが普及したことによって郵便の量は減ったはずである。電報や郵便の役割は、昔とずいぶん変わっている。そうすると、今日本に残っているのは、コンピューターにできない仕事か、コンピューターにさせるととてもお金がかかる仕事になる。それには、二つのタイプがある。一つは、掃除や配達といった、機械化するとお金がかかるが多くの人ができる仕事である。こうした仕事は、賃金が安くなる。もう一つは、アイディアを考えたり、データから判断したり、人とコミュニケーションをとったりする仕事で、高度な能力を必要とし、その仕事ができる人が少ないタイプのものである。つまり、賃金の高い仕事と低い仕事に、二極化してきているのである。

第三は、グローバル化の影響である。貿易が進んで、労働力が安い外国から製品が輸入されるようになったことが日本の低賃金労働の賃金を引き下げたのである。中国で日本より安く生産できるのであれば、日本でその製品を作る必要はない。現在、日本人が着ている服のほとんどは中国で作られている。それは、中国の労働者のほうが日本人労働者よりも安い賃金で働いているからである。逆に言えば、同じ製品を日本で作ろうとしても賃金が高すぎるのである。世界との競争にさらされる製品を作っている場合は、その賃金は日本国内だけではなく、外国の賃金水準の影響を受けることになる。このため、日本国内で低賃金労働が増えてきているのである。

第四に、高齢化の影響がある。高齢者は引退して、勤労期に比べると所得が減っている人々が多い。そのため、高齢者が増えてくると、所得で定義した相対的貧困率は上昇することになる。ただし、高齢者の所得が低いからといって本当に貧しいとは限らない。というのは、引退した高齢者のなかには、仕事をしていた時に貯金をしたり住宅を買ったりして、豊かな人も多いからである。

第五に、離婚率の上昇の影響がある。母子家庭は、母親の労働時間が限られる傾向があるため、貧困になりやすい。実際、母子家庭などの一人親世帯の相対的貧困率は二〇〇六年で五四・三パーセントと非常に高い。人口一〇〇〇人当たりの離婚件数は、一九八〇年以前は約一件であったが、二〇〇〇年代には約二件と急増した。結婚数に比べた離婚数も増えており、これが母子家庭の増加をもたらし、相対的貧困率の上昇をもたらす原因になっている。

グローバル化を阻止すべきか?

日本の貧困率が上昇している原因の一つが、グローバル化だとすれば、貿易を制限してグローバル化を阻止すればいいのではないか、という意見もあるだろう。グローバル化が、格差を拡大する原因であることは確かだと考えられる。しかし、グローバル化による貿易の拡大によって日本人全体は豊かになっているのも事実である。

中国から衣料品が輸入されるようになるまでは、衣料品や食品の値段はとても高かった。牛肉が外国から輸入されるようになるまでは、牛肉の値段は非常に高かった。どの国も貿易をしなくなれば、日本も自動車や電機製品を輸出できなくなる。貿易によってそれぞれの国が自分の一番得意なものに集中することができるので、すべてのものを自分の国で作っていた時よりも豊かになれるのである。

貿易の拡大によって、日本のなかで以前よりも貧しくなる人が出てくることは事実だろう。その結果、日本国内の格差が拡大するかもしれないが、豊かな人から貧しい人に所得を移転すれば、貿易をしなかった時よりも日本人は全員豊かになれる。

また、グローバル化の阻止には、世界の貧困問題を深刻にするという問題もある。世界には日本よりもっと貧しい国がたくさんある。そうした国が安い労働力を武器にして、安い製品や農作物を日本のような豊かな先進国に売って、以前より豊かになってきている。

日本がグローバル化をやめて、そうした国々から農作物や製品を買わなくなると、日本も貧しくなるが、もともと貧しかった国はさらに貧しくなる。世界の貧困を解決するためには、貿易を拡大していくことが重要である。日本の格差や貧困問題が貿易によって拡大するという側面があっても、それは日本国内の社会保障制度や教育で解決すべきものではないだろうか。

8 「モノよりお金」が不況の原因

バブル崩壊

二〇〇八年、アメリカにはじまった世界的な不況は、日本にも大きな影響を与えた。財政政策や銀行救済策など、アメリカで現在議論されていることは、日本のバブル崩壊後の不況期や金融危機の際に議論されたこととそっくりである。少し違うのは、当時の議論を早回しで聞いているかのように感じる点である。しかしながら、バブル崩壊の中心地で当事者としてそのような議論を行なっているのと、少し離れた場所で議論を聞いているのとでは大きな違いである。

マクロ経済学の世界では、リアルビジネスサイクルという立場の学派が近年中心的な地位を占めるようになってきていた。リアルビジネスサイクルとは、簡単に言うと、景気変動は需要変動から発生するのではなく、生産技術へのショックや余暇に対する好みの変化によって発生すると考えるものである。たしかに生産性の低下や人々の選好の変化によって、バブル崩壊が生じたと解釈することも不可能ではない。実際、生産性上昇率の低下と法的規制による労働時間短縮によって、一九九〇年代の日本の不況が説明できるという一橋大学の林文夫教授とアリゾナ州立大学のエドワード・プレスコット教授による論文が経済学の世界では大きな影響力をもってきた。[1] 生産性上昇率の低下と労働時間の短縮が、世界的にみて日本だけでこの時期に観察されたことがその背景にある。この解釈が正しければ、日本の不況解決の正しい政策は、生産性向上である。構造改革だったのだ。

生産性の低下？

では、今回のアメリカからはじまった不況についても、同じ理屈で説明することができるだろうか。つまり、アメリカの人々が以前より働くことが嫌になって休みを取るようになったのか、突然生産性が低下するような技術ショックに見舞われたから発生した、というのだろうか。もし、生産性が低下し競争力が低下したからアメリカが不況になったのであれば、政府による財政政策は、ただでさえ低くなった生産能力を公的なものに使うということになり、民間の製品やサービスの生産を減らしてしまうことになる。

しかし、そう考えるアメリカ人は少ないだろう。オバマ大統領が就任演説で、「私たちの労働者は、危機がはじまった時と同様に生産的だ。一週間前、一か月前、一年前と同様に、私たちの心は独創的だし、私たちの製品やサービスは必要とされている。私たちの生産能力は衰えていない」と、不況が生産性の低下によるものではないと力説したことは象徴的である。

もし、この不況がアメリカの自動車会社の経営危機のようにアメリカ国内の企業の経営だけが悪化したことで発生し、アメリカ国内の不況だけにとどまっていたのなら、九〇年代の日本への見方と同様、生産性ショックという考え方が支配的になったかもしれない。アメリカの自動車会社が、「時代に合わない燃費の悪い大型車を作り続けたから」、とか「労働組合が強すぎるために、非効率な生産システムが維持された上に高い人件費がかかっていたから」といった批判が中心になっただろう。

しかし、サブプライムショックによるアメリカの不況は世界中に広まった。アメリカだけが不況であれば、アメリカの産業が悪いという批判が中心になって、生産性を高めるべきだ、という議論になっただろう。ところが、アメリカの不況によって、世界一生産性が高いと考えられてきた日本の自動車産業も電機産業も大きな影響を受けた。日本の自動車産業や電機産業の生産性低下が、アメリカのそうした産業の生産性の低下と同時に発生したという解釈は自然ではない。[2] 自動車産業や電機産業が生産する製品から、別の産業の製品に人々の需要が移ってしまったというわけでもない。もちろん、アメリカの消費の拡大に応じて日本の製造業が生産設備を拡大しすぎていたという可能性は否定できない。しかし、生産性が低下して、必要なものが作れなくなってしまって不況になっているのではないことは明らかである。世界中で消費の総額が減少してしまったのだ。

不況の原因は需要の減少

こうして考えてみると、需要の減少が不況の原因だと考えるほうが自然である。これは、一般の人からみれば当然のことかもしれないが、過去二〇年ほど学会の主流であった経済学からみると説明が難しい現象なのである。実は、二〇〇八年の不況も九〇年代の日本の不況もまったく同じメカニズムで発生していたのかもしれない。しかし、不況が日本だけだったのか、世界に広がったのかで、解釈に大きな差が出ているというのが本当のところだろう。二〇〇八年の場合は、アメリカのバブル崩壊が他国にも大きく波及したこと、生産性ショックでは説明できないくらい急激な経済変動が発生したことから、生産性ショックと需要ショックが比較的明確に判別できた例だと考えられる。

これだけ明確に景気変動の原因を特定できているのであれば、その対策ははっきりしている。需要変動が不況の原因であれば、需要を中心とする経済学にもとづいて不況対策を考えるべきだ。その点で、大阪大学の小野善康教授の守銭奴的流動性選好による不況理論は注目に値する。[3] 小野教授の不況理論（小野理論）は、現代的な成長理論の枠組みで、需要変動による不況を説明することに成功している。

小野理論を直感的に説明してみよう。モノやサービスは、消費すればするほど、追加的な満足度は低下していく。特定のモノやサービスは、どうしても飽きてきたり、一定以上消費することが不可能になる。しかし、お金はどれだけあっても、あればあるほどうれしい。お金は、どんなモノやサービスも購入できるという意味で流動性が高く、いわばトランプのジョーカーのようなものだからだ。[4] つまり、お金には流動性という魅力が備わっているのである。

こうしたお金への選好の特殊性が、消費せずお金を貯めすぎるという人々の行動を起こしてしまう。株や不動産についても同じようにもてばもつほどうれしいという特性があれば、人々は株や不動産を保有したがるし、そのため価格が上がっていく。バブルの発生だ。しかし、株や不動産をもっていることのうれしさがなくなってしまうと、バブルが崩壊してしまう。そうすると、人々は株や不動産ではなく、お金だけをもちたがる。お金をもちたがるとお金の値段は上がっていく。お金の値段が上がるということは、お金の価値が上がることだからモノの値段が下がるということだ。つまり、デフレの発生だ。デフレが発生すると人々は、買い物をするのを将来に先延ばしにしようとする。なぜなら、そのほうが安くモノが買えるからだ。そうなると、ますますモノが売れなくなってしまう。モノが売れなくなるから、失業が発生する。こうした循環が続いてしまって、長期の不況が発生するというのが小野理論の仕組みだ。

このような悪循環を止める方法は、ただ一つ、失業者を公共投資や公的サービスによる雇用で雇うことだ。問題の発端は、人々の守銭奴的な貯蓄過剰にあるのだから、政府によってモノやサービスの需要を作り出すことが大切なのである。この時に大切なことは、役に立たないものやサービスを作り出しても意味がないことだ。それなら、失業者にお金を直接渡したほうが、資源を浪費せずにすむ。生産能力を高めるような公共投資も意味がない。

カギは公的需要の創出

では、どのような公的需要を創出すればよいのだろうか。小野理論によれば、満足度を高める公共投資や公的サービスを増やすことで失業者を減らすことが一番の不況対策だ。失業が増えている分野ではなく、私たちの生活を豊かにする分野での新たな技能訓練も有効だ。具体的には、生産性を高めないが生活環境を改善するような投資や公的サービスである。その条件を満たすものは、環境投資、介護サービス、育児サービス、教育、芸術などである。

財源は、どうすればいいのだろうか。お金の貯めすぎが不況の原因なのであれば、資産所得税や高所得者に対する課税が考えられる。税金を使って公共投資や公的サービスを拡充することは、所得の高い人から失業した人に所得の再分配を行なうという格差縮小策であると同時に、失業という一種の非効率性を解消する政策でもある。

穴を掘って埋めるという公共投資でも効果があると考える伝統的なケインズ経済学と小野理論には、大きな違いがある。無駄な公共投資が、景気対策になると考えられたのは、政府のすることはどんなことでも一〇〇パーセント便益を高めることになるというGDP計算上の仮定によっていただけなのだ。[5] 大事なことは、ばらまきではなく、私たちの暮らしを良くするための投資にお金を使うことだ。

1 Hayashi and Prescott (2002)、林文夫(二〇〇三)
2 藤本(二〇〇九)も日本の製造業の生産性が急に低下したわけではないことを指摘している。
3 詳しくは小野(二〇〇七)を参照。
4 ここでのジョーカーは、何にでも換えられる最高の切り札という意味である。
5 小野(二〇〇七)

9　有権者が高齢化すると困ること

年金・医療が政治課題

「消えた年金問題」が二〇〇七年の大きな政治問題だった。それがきっかけで、〇七年の参議院選挙で与党が過半数を割ることになり、衆参ねじれ現象が発生した。〇八年に入っても四月一日から施行された後期高齢者医療制度をきっかけとして福田康夫内閣の支持率は低迷を続けた。そして、九月一日に福田首相は突然の辞任を発表することになったのだ。年金や医療保険という高齢者に関わる政策問題が、日本の政治を左右する問題になったのである。

この背景には、日本の人口構成の急激な高齢化がある。有権者に占める高齢者の割合が急上昇している。その上、投票率も若年者に比べて高齢者のほうが高い。その結果、高齢者の政治力が強くなり、彼らの選好が政策に反映されることになる。政治経済学の標準的枠組みである中位投票者理論によると、中位者の選好により政府の最適な支出規模が決定される。

高齢化が進み、中位投票者が高齢化してくると、彼らにとって望ましい政策に対する支出が増える。たとえば、社会保障費の増加が高齢者にとって望ましい政策であり、義務教育費の増加が高齢者にとって望ましくない政策であれば、人口の高齢化により社会保障支出が増加し、義務教育費支出は減少することになる。

日本では、高齢者のほうが若年者よりも投票率が高いという特徴があるため、少子化による人口高齢化効果以上のペースで投票者の中位者年齢は高齢化していく。この点をデータで確認してみよう。「明るい選挙推進協会」（財団法人）が公表している衆議院選挙における年齢別投票率は、一九九〇年以前は、四十代から六十代の年齢で八〇パーセント以上と高く、それ以外の年齢層で低かった。それでも、三十代の投票率は七〇パーセントを超えていた。最も低い二十代でさえ、六〇パーセント前後の投票率があったのだ。七十代の投票率は、七〇パーセント前後で推移していた。

しかし、近年では一九九〇年以降、二十代、三十代の投票率が大きく低下している。二十代の投票率は、二〇〇五年の小泉郵政選挙の時こそ上昇したが、四〇パーセント前後の投票率になっている。三十代の投票率は、五〇パーセント台で推移している。ところが、六十歳代以上の年齢層の投票率は、ほぼ一定で推移しているのだ。

団塊の世代の政治力

投票率と年齢構成から、投票者の年齢階級別の構成比を、計算してみると興味深いことがわかる（図Ⅱ－7）。投票者の年齢構成の変化は、日本で政治的に力をもった年齢集団の変化を表している。一九八〇年以前において、投票者のなかで最も大きな比重を占めていたのは、三十九歳以下の若年者のグループである。八〇年代から九〇年代ではそれが四十代から五十代のグループに移った。さらに、二〇〇三年以降は六十歳以上の年齢グループが投票者のなかで最大の比率を占めるように変化したのである。つまり、常に団塊の世代が、政治の動向を決めてきたと言える。人口規模の大きな団塊世代は、自らの政治的な力の大きさをよく知っていたからこそ、高い投票率を維持してきたのだろう。では、中位年齢は、どのように変化してきたのだろうか。七〇年代から九〇年代までは、投票者の中位者年齢は、四十代で推移してきた。しかし、二〇〇〇年代になると五十代が中位年齢投票者になった。そして、二〇四〇年以降は六十代が中位年齢投票者に変わっていく。

図Ⅱ－7　年齢階級別投票者数の構成比の推移

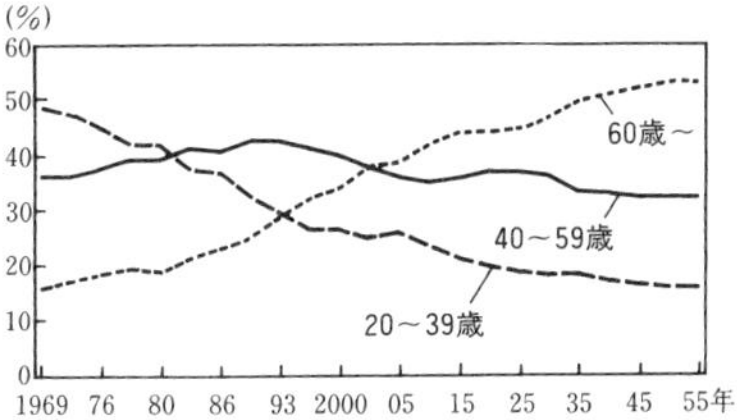

出所：財団法人明るい選挙推進協会と国立社会保障・人口問題研究所の将来人口統計予測の中位推計の結果より筆者が算出

投票者の高齢化は、政治に大きな影響を与える。年金、医療、教育といった年齢別にその利害が異なる政府支出は多い。中位投票者が高齢化するにつれて、政府支出の中身は、年金・医療・福祉といった高齢者がより需要するものにシフトしていく可能性が高い。

高齢者向けの政府支出が政治的理由で増えていくことのデメリットは、そのために人的資本への投資が少なくなることで、経済成長に悪影響を与えることである。また、高齢者向けの歳出をまかなうために、税や社会保険料が高くなると、勤労世代の労働意欲を低下させる可能性もある。

このような社会保障支出の政治バイアスは、すでにさまざまなところで生じている。「消えた年金問題」や「後期高齢者医療制度」に関する政治的議論はその例である。たしかに「消えた年金問題」は深刻な問題である。年金記録をきちんと保

持しなかった社会保険庁の怠慢は許される問題ではない。しかし、現在の公的年金制度が、勤労者から高齢者への所得移転で成り立っていることから発生している問題は無視されている。年金制度を通じた所得移転制度のおかげで、現在の高齢者は、払った保険料以上の給付を得ているが、現在の若者は払った年金保険料以下の給付しかもらえないという事実だ。

後期高齢者医療制度も同じ問題があった。それまで、日本の高齢者医療は「老人保健法」にもとづいて実施されており、その財源は国・都道府県・市町村の負担金および健康保険等の拠出金でまかなわれてきた。ところが、その財政負担が大きくなったこともあって、後期高齢者を独立した制度にし、年金から保険料を天引きする制度にし、医療費も包括性に変わった。医療費における世代間のアンバランスの解消も目的とされていたはずだ。しかし、この制度変更は、高齢化の保険料負担を少額であるが増やすことになったため、大きな政治問題になったのだ。

世代間の利害対立を発生させるのは、年金や医療だけの問題ではない。教育も同じである。高齢者はすでに、自分の子どもの教育費負担はなくなっている。そうすると、高齢者にとって公的な教育費を増加させることに直接的なメリットはない。したがって、人口の高齢化によって投票数の増加という政治力をもった高齢者は、政府支出の中身を年金や医療といった高齢者向けのものを充実させ、教育費を低下させることにその政治力を使うだろう。

高齢者にとって、自分とは直接は関係ない教育費に支出されるよりも、年金や医療の充実をしてもらうほうがありがたい。教育水準の低下によって、将来の日本の生産性は大きく低下することになるが、多くの高齢者にとっては、そんな将来のことは関係ないかもしれない。しかし、それでは若者や将来世代は、たまったものではない。このような悪循環をどこかで止める必要がある。特定の世代の政治力が過度に強くならない仕組みを作るべきだろう。たとえば世代別の選挙制度や、子供の数だけ親に投票権を与えるというのはどうだろうか。

III　働きやすさを考える

●競争と公平感は、私たちの働く環境にどのような影響を与えているか？
●働きやすい環境を作るポイントとは何か？

1　正社員と非正規社員

非正規への規制強化は問題を解決しない

二〇〇八年から〇九年にかけて「派遣切り」「非正規切り」が社会問題になった。なかでも男性の非正規雇用者比率が上昇していたことが問題を大きくしていることについてはすでに触れたとおりである（Ⅰ－4「男の非正規」参照）。

しかし、そもそも非正規社員の雇い止めが発生してから「非正規切りはけしからん」と企業を責め立てても、責められる企業も困ったはずだ。非正規社員を雇用の調節弁とすることを社会から認められている以上、この行動は企業にとって完全に合理的であるからだ。同じく、非正規切りについて特段の対策を求めず、春闘で賃上げを求める組合の行動も、正社員の意見を代表する立場としては正当化されてしかるべきである。非正規社員を増やした段階で、不況になるとこうなることは予測されており、だからこそ、企業も労働組合も非正規比率を上げてきたのだ。

それならばと、非正規社員の雇用に対する規制を強化しようという動きが活潑《かっぱつ》化している。製造業派遣の禁止など労働者派遣法の抜本的見直しを求める声は強まっており、民主、社民、国民新党は、参議院で急ぎ可決にもち込んだ雇用対策四法案のなかで、有期雇用を一時的な業務や専門的業務に限定する定めを掲げ、「期間の定めのない雇用（正社員）が原則との哲学を作るべき」「派遣法を一九九九年以前の状態に戻せ」などの主張をしている。当時の舛添要一厚生労働相も「製造業派遣はいかがなものか」と発言した。二〇〇九年の政権交代で、民主党政権になった後も、派遣労働への規制強化政策が進められている。

規制強化で本当に問題は解決するだろうか。残念ながら、「否」と言わざるを得ない。実際、〇六年には偽装請負問題が相次ぎ発覚し、都道府県労働局による指導など請負への規制が強化された。最低賃金は引き上げられたし、〇八年四月にはパートタイム労働法が改正され、パートタイム労働者への待遇確保などが明文化された。しかし、全体の三分の一を占めるまでに膨《ふく》らんだ非正規雇用は一向に減らないし、正社員との二極化は解消されていない。正社員は正社員で、名ばかり管理職やサービス残業など過重労働に苦しんでいる。

問題が起きるたびに、それぞれに対し個別に手当てするという各個撃破は、結局「安定的雇用の減少と不安定雇用の増加」という構図をまったく解決しない。個別の規制強化は、より規制の弱い雇用形態への移転を生み出すだけで、絞り込まれた正社員は一向に増加しないのだ。パートへの規制が強化されれば派遣へ、派遣規制が強化されれば請負へ、請負への規制を強化すればヨーロッパでみられるような個人事業主との請負契約というかたちを模索するというように、抜け穴探しは永遠に続くことになる。機械への代替や労務コストの安い海外への移転を通じて雇用量そのものも減少していくだろう。

解雇規制強化の皮肉な結果

「非正規切り」に象徴されている問題は何だろうか。それは、雇用の二極化という不合理な格差が生み出す社会全体の不安定化であり、閉塞《へいそく》感である。就職氷河期に卒業した特定の世代で、非正規社員が増加し、つぎの不況期に雇用調整を受け失業する。三十代は企業にとっても人材不足であるはずなのに、常に不況の波を受けて空洞化し続ける。三〇～四〇年経って高齢化すれば、年金不払いなどのために膨大な貧困層となる。そして、その子どもの世代にも同じように貧困が波及し、世代間の不公平が固定化されてしまうことが問題なのだ。実際その萌芽《ほうが》が認められている。

格差の大きな社会と、中間層が厚い社会のどちらを選ぶかは価値判断の問題ではある。しかし、どれだけ努力したかではなく、生まれた家庭や生まれた時期によって格差がつく社会は、人々のやる気を喪失させるだろう。また、中間層が厚く存在するほうが、平均的な教育レベルが高くなり、中間層の消費がすぐれた製品やサービスを生み出す力になり、安全・安心な社会になると考えられる。

「非正規切り」を問題だとするならば、その解決の先にある目標は二極化ではなく、良い仕事を増やす、つまり平均的な中間層を増やして経済全体の雇用量を安定的に推移させることと設定されるだろう。そのために本質的に必要な手立ては、非正規雇用への規制強化ではなく、正社員の既得権益にメスを入れることである。具体的には、正社員に与えられた強すぎる解雇規制を緩和し、正社員と非正規社員の間の雇用保障の差を小さくすることだ。たとえば、「非正規切り」が正社員自身の雇用調整や賃金カットにつながる仕組みを作ることも一つの方法である。

このことを理解するためには、なぜこれほど非正規雇用が増えたのか、これまでの歴史を振り返る必要がある。

日本の民法は、もともと契約自由と権利の濫用《らんよう》は許さないという原則で書かれていたため、民法の文面では、権利の濫用でないかぎり、期間の定めのない契約の使用者側からの解約（解雇）の申し込みは自由となっていて、この申し込みをした場合には二週間後に契約は終了することとなっていた。一方、労働法では、いくつかの解雇の制限が行なわれてきた。

しかし、労働法で定められている不当な解雇には当たらなくても、民法の権利の濫用に当たる解雇は存在する。そのため解雇についての争いの裁判では、何が解雇権の濫用かというかたちで争われることが多く、司法の場で解雇一般についての「解雇権濫用の法理」が形作られてきた。この背景には、期間の定めのない契約のほとんどが、民法制定時の想定とは異なり、事実上、定年年齢に達するまでの有期契約であると労使によって理解されるようなものになっていたという事情がある。その後、この法理は二〇〇三年の労働基準法の改正によりその第十八条の二として条文化された。さらに〇七年に労働契約法が制定（〇九年施行）されたときに条文が移され、この法律の第十六条となった。

つまり、もともとの民法の想定であった「解雇の自由を認めた期間の定めのない雇用」という雇用契約は、定年までの有期雇用契約になってしまった。その結果、日本では本来の意味での「有期雇用契約」という上限三年の雇用契約と定年までの有期雇用契約という「期限のない雇用契約」の二つに両極化してしまったのである。

経営上の都合による解雇、つまり整理解雇という特定の類型に関する権利の濫用についてでは六〇年代から徐々に判例が積み上げられ、七〇年代のオイルショックで整理解雇事例が多発し、解雇のための条件が明確化されていった。いわゆる「解雇法理の四要件」である。

つまり、①人員削減の必要性、②解雇回避努力、③人選の妥当性、④手続きの相当性という四要件が満たされれば合理的な理由として認められ、解雇権濫用に当たらないとされる。特に②の解雇回避努力のなかには、非正規雇用の削減や新卒採用の停止が含まれており、不況期にはまず「非正規切り」を実施することが司法サイドからも要請されているわけである。

このように強固な解雇規制が定式化されても、八〇年代までは実質的には経済に大きな弊害を与えなかった。それは、七〇年代はインフレが続いたため、実質賃金の削減が比較的簡単に実行できたからである。オイルショック直後のインフレは年率で一〇パーセントを超えており、名目賃金を下げなくても維持するだけで、実質賃金を大幅に下げることができた。

しかし、九〇年代、日本は物価がほとんど上昇しない時代になったため、賃金カットが非常に難しくなった。企業は早期退職の実施や新卒採用の停止、ボーナスカットや成果主義に名を借りた賃金改定など、あの手この手で労務費削減に手を打ったが、大幅な賃下げはなかなかできるものではない。

その一方で強い解雇規制は残り続け、しかも〇三年には労働基準法が改正されて明文化されたのである。正社員の解雇規制が強いもとで不況に対応するために、正社員の採用縮小と並行するかたちで労働市場の規制緩和がなされたのである。

つまり、非正規雇用を雇用の調整弁と位置づけ、その増加をデフレ下の労務費削減ツールとすることで、正社員の解雇規制と賃金を守っていくという戦略に、経団連（日本経済団体連合会）と連合（日本労働組合総連合会）の利害が一致したのだ。少数の正社員の過重労働と、多数の非正規社員の不安定化という二極化が起きたのは当然の帰結である。

正社員が非正規を考慮する仕組み

労働市場の二極化に歯止めをかけるためには、非正規社員と正社員の雇用保障の差を小さくする必要がある。しかし、景気変動がある以上、全員の雇用保障を強化することは日本の経済力にとってマイナスである。非正規社員だけではなく、正社員も景気変動リスクを引き受けることを促す仕組みを作ることが必要だ。

たとえば、「正社員の労務費削減を非正規社員削減の必要条件とする」、あるいは「非正規社員を削減するのであれば、正社員も一定程度削減しなければならない」というルールを、立法措置によって導入することは直接的な手法となる。そうすれば、「非正規社員を切るな」という組合からの提案も出てくるだろうし、非正規社員の雇用を守るために正社員の賃金カットに応じるかもしれない。企業の人材戦略も一変し、好景気に正社員の人数を絞ったまま一挙に大量の非正規社員を雇用するということもなくなるであろう。

新たなルールにもとづく労使の自助努力を促す手法が難しいのであれば、政府が税金と社会保障による再配分をうまく使うことで、正規・非正規一体となったワークシェアリングと同じ効果をもたらすという手法もある。

参考になるのは、年金のマクロスライド制だ。少子化(公的年金加入者の減少)や高齢化(平均余命の伸び)といった経済情勢や社会情勢などの変動に応じて、公的年金給付の水準を自動的に調整する仕組みであるマクロスライド制は、現役の勤労者のことを考えなければ受給者の財布が痛むという効果をもたらす。これにならって、たとえば、失業率(特に若年失業率としてもいい)が上がれば所得税率が上がるといった、戻し税と逆の仕組みを導入すればよい。あるいは、失業率に応じて年金額を変動させるというかたちに年金のマクロスライド制を修正することも考えられる。

その税金を使って、非正規労働者に対するセーフティネットを強化していく。雇用自体を作り出してもよいし、所得を再分配してもよい。失業率と税率が連動すれば、正社員が非正規雇用や若年者の失業率に関心をもたざるを得なくなる。

また、定期借家法の考え方も参考になる。借地借家法で借家人ばかりが保護された結果、借家が減少したため、借家人の権利を弱めた定期借家権が導入された。これにならい、現状の正社員と非正規雇用の中間的雇用形態を作るのだ。一〇年程度の任期付き雇用制度を導入すれば、正社員の既得権にプレッシャーを与えることができる(I-4「男の非正規」参照)。

いずれにしても、こういった手法で、正社員が非正規社員の雇用や待遇を考慮せざるを得ないメカニズムを導入しなければ、二極化を解決することはできないだろう。

つまりは「非正規切り」の問題は、不況という負の経済ショックを誰が負担するのかという問題なのだ。日本全体のパイが急激に縮小したショックを、非正規労働者が集中的に負担しているのが、いま起きていることである。

本来、関連する利害関係者は企業および株主、正規労働者、非正規労働者の三者である。株価が下落することで株主は損害を被ったし、配当水準を下げる動きもある。しかし、二〇〇二年以降の景気回復期に、企業収益が増加し続け、株価が高騰《こうとう》したにもかかわらず、労働者の賃金は上昇しなかった。まずは、好況期に積み上げた内部留保を使うなり、労働分配率を上げるなりして、雇用を維持するのが筋ではある。

しかし、二〇〇八年から〇九年にかけての景気悪化はそれで吸収できるレベルをはるかに超えていた。結局は、労働者全体としても配分が減るため、労働者間の分配問題が重要となる。現在の労働法制、雇用制度のもとでは、非正規労働者が、労働者への配分が減ったものの多くを負担している。このことは正社員の雇用を守り、企業の労務コストを削減するという意味で、正社員と企業経営者にとって短期的には合理的ではある。

しかし、長期的な企業経営という観点からみると特定の年齢層の人材が枯渇するという問題点をもたらし、世代によって不合理な格差を発生させることにもなる。九〇年代の不況を就職氷河期の若者にシワ寄せし、今回の不況で彼らにトドメを刺すのが、日本の不況対策だとすれば、あまりに情けないことである。

この事態を放置すれば、貧困の固定化を通じ、将来多大な社会的コストを支払わなければならなくなるのは明らかだ。企業自身も、景気の波に比例した正社員のいびつな年齢構成のために、技能継承がスムーズになされず、長期的な競争力を失っていくであろう。解決のためには、足もとだけを見た対症療法ではなく、長期的な波及メカニズムまで考慮した施策が必要である。

2　増えた祝日の功罪

六月と八月の共通点

日本の一年の月の中で、六月と八月には共通点がある。どちらの月も祝日がないことだ。逆に言えば、他の月には少なくとも一日は祝日がある。春のゴールデンウィークもいつの間にか祝日が増えていたと感じた人も多いのではないだろうか。

日本の祝日日数は、二〇〇七年から年間一五日になった。その上、日曜日と祝日が重なった場合に月曜日が休日になるという振替休日も導入されている。さらに、祝日と祝日の間の日は、国民の休日ということになった。二〇〇九年は、九月二十二日が敬老の日と秋分の日に挟まれて国民の休日となり、十九日（土曜日）から二十三日まで五連休になった人も多かった。これだけ祝日が多くなると、実務に差し支えるので、企業や大学では独自の暦を設定しているところもあるそうだ。

日本の祝日が増えだしたのは一九六六年からだ。それまで年間九日だった祝日数が一二日に増えた。八九年には一三日、九五年には一四日になった。この間日本で週休二日制が普及して「時短」が進み、「何らかの週休二日制」のもとで働いている労働者の比率は、現在では約九〇パーセントになっている。つまり、週休二日制と祝日の増加で、私たちの年間休日数はずいぶん増えたことになる。

しかし、たしかに休日は増えたかもしれないが、余裕なく毎日長時間働いていると感じている人のほうが多いのではないか。その理由は、平日の労働時間の長さの変化と有給休暇の取得率の低さに原因がありそうだ。

増えた平日労働時間

実際、過去三〇年間の日本の労働時間の変化を詳細に分析した東京大学の黒田祥子准教授の研究によれば、日本では週当たり労働時間は変化していないが、週休二日制の導入によって平日の労働時間が長くなっている。平日一〇時間以上働く労働者の比率は一九七六年には一七パーセントだったのに、二〇〇六年には四二・六パーセントまで上昇している。この間、週当たり労働時間は変化していない。平日の労働時間の長時間化は、睡眠時間の短縮によってもたらされたという。睡眠時間という健康投資を削って働いていることは、私たちの健康にすでにマイナスの影響を与えているかもしれない。

これからの労働時間管理の課題は、平日の労働時間をいかに短縮していくか、ということにあるだろう。本当に睡眠時間を削ってまで会社に残って仕事をする必要があるのか、私たち一人一人が考えなおす必要がある。

低い有給休暇取得率

日本の有給休暇の取得率はなぜ低いのだろう。ヨーロッパでは有給休暇の取得率が九〇パーセントを超えている。日本では有給休暇の取得率は九〇年代後半は五〇パーセントを超えていたが、二〇〇〇年代では四七パーセント前後を推移している。有給休暇の取得日数でみても、九〇年代半ばでは平均約九・五日あったものが、最近では平均約八・五日に減少している。祝日が増えた分、有給休暇の取得の必要性が減ったのかもしれない。

筆者がかつて行なった研究によれば、日本の有給休暇の取得行動は、労働組合がある企業とない企業では大きく異なる。労働組合があるところでは、景気が良くなると有給休暇の取得率が低下し、労働組合がないところでは有給休暇の取得率が上がる。労働組合がある企業では、雇用保障が強い代わりに有給休暇の取得を含んだ労働時間の変動は、仕事の忙しさに応じるという傾向があるのではないだろうか。一方、労働組合がない企業では、景気が悪化した際に解雇の対象にならないように有給休暇の取得を労働者が自粛《じしゅく》しているのかもしれない。

なぜ有給休暇取得率が低いのか

東京大学の水町勇一郎教授は、日本の有給休暇の取得率が低いのは制度的な問題だという。ヨーロッパでは、使用者が労働者の意見・希望を聞いた上で具体的な年休日程を決定し、それに従って年休が完全に消化されるというやり方が一般的なのに対し、日本では、年休を取得する時期を原則として労働者が決定できる制度となっている。ヨーロッパの有給休暇はいわば強制的な休暇であって、労働者にとって有給休暇を取る権利はあってもタイミングの指定ができないのである。だから、有給休暇の消化率は自動的に一〇〇パーセントに近くなるはずだ。逆に日本では、有給休暇のタイミングを決める権利を労働者が保有しているがゆえに、病気など不測の事態のために年休を残しておく傾向があるのだ。

たしかに、有給休暇の時期を指定する権利があると人々は万一の時のために有給休暇を取得しなくなる。ちょうど、万一の時に備えて予備的動機の貯蓄をするのと同じだ。人々がお金を貯めすぎると不景気になってしまうように、有給休暇をためすぎても旅行やサービスといった消費が促進されない上に、コミュニティ活動や家族の時間がもてなくなって、結果的に日本人の幸福度が下がってしまっているかもしれない。

使用者側に無理やり休みを取らされると、有給休暇をためることもできなくなる。傷病や介護、育児などのための万一の時の休暇は別にしておくことが大事だろう。有給休暇を無理やり取らせる仕組みがあれば、人のやりくりをするために、従業員を訓練する意欲を高めることにもなるし、不正行為を働いていた場合にそれを見つけやすくなる。

祝日のあり方を再考しては

日本の特徴は、ヨーロッパのように有給休暇の取得時期の決定権を企業に付与する代わりに、祝日という国レベルの強制的休みを増やすことで、休暇の取得時期の決定権を国が保持し、休日数を増やしてきたと考えられる。

こうしたやり方のメリットはある。休むタイミングが一致しているほうが、ばらばらに休むよりも生産性が高くなることは十分に考えられる。経済活動は、財やサービスの取引である。全員が同じタイミングで取引活動をするほうが、ばらばらに行なうよりも、よりよい取引相手を見つけることができる可能性が高まるのは明らかだろう。毎週土曜日と日曜日は休むとか就業時間は九時から五時までというように決まっているのは、それも大きな理由だ。

しかし、ゴールデンウィークや夏休みといった長期の休暇については、休暇中に取引活動がなくなるわけではなく、レジャー産業という取引活動が行なわれる期間でもある。その場合、レジャー産業が活溌化するタイミングが、全国一律に決められている場合には、さまざまな非効率性が発生する。レジャー産業の繁閑の差が大きくなることから発生する非効率性である。ゴールデンウィークに観光客が集中しても、ホテルや観光設備の規模をその時期に完全対応できるように設定することはできない。他の時期には、稼働率が低下してしまうからだ。

むしろ、国が指定する祝日に休む義務をなくして、有給休暇の消化率を九〇パーセント以上に義務付けたり、地域ごとに連休の時期を変えるという方法をとって、連休の非効率性を減らすほうが、私たちの暮らしは豊かになるのではないだろうか。実際、これだけ祝日が増えてきたために、実務がうまく進まないという例も多い。たとえば、学校では月曜日の時間割の時間数が足りなくなってしまうために、学期末にその調整をしたりする必要もある。大学や企業によっては、国の祝日とは別のカレンダーに従って、休日を設定しているところも出てきている。

平日の労働時間の短縮にしても、有給休暇の完全な取得にしても、会社の文化という問題があるかもしれないが、私たち自身ができることもありそうだ。日々の仕事の時間管理や年間の有給休暇の計画を早めに決めて、それを守っていくという働き方に変えていくことだ。

3　長時間労働の何が問題か？

日本の労働時間規制が進んだ背景

労働時間の規制はなぜ必要なのだろうか。こんな質問をしたら「そんな当たり前のことを聞くな」としかられそうだが、実はよく考えてみると意外に難しい。「労働時間規制がなければ、会社は安い給料で従業員に長時間労働を強いるに違いない、現に多くの職場では長時間労働・サービス残業で従業員が疲弊しているし、過労死の問題も起きている、これを解決するには、労働時間規制をきちんと守らせることが必要だ」というのが常識的な答えであろう。「そんなこともわからないとは、経済学者は世間知らずだ。これだから経済学は役に立たない」と批判されそうだ。

しかし、日本の労働時間短縮の経緯を見てみると、必ずしも日本の労働者が望んだ結果、労働時間規制が強化されてきたわけではないことがわかる。東京大学名誉教授の菅野和夫氏の研究によれば、日本の平均労働時間が一九九〇年代に短縮されたきっかけは、八七年の労働基準法の改正で、週法定時間が「四八時間」から「四〇時間」に変更され、その短縮を一〇年かけて段階的に実施したことにある。しかし、この労働時間短縮は、日本の労働者からの要望で行なわれたというより、当時の貿易摩擦において「日本と欧州諸国間の労働時間・水準のギャップは『不公正競争』の格好の批判材料とされた」ことから政府主導で行なわれたのである。当時の企業別組合は「雇用を確保しつつ賃上げを達成することに腐心し、労働時間の面で企業に足枷《あしかせ》を課することは回避していた」[1]のだ。

一九九〇年代に労働法制主導で労働時間の短縮が進んだが、同時に日本経済はバブル崩壊による不況を経験した。一橋大学の林文夫教授とノーベル賞を受賞したアリゾナ州立大学のプレスコット教授は、九〇年代の日本の経済停滞の要因は、生産性の上昇率が低下したことに加えて労働時間が短縮されたことであったと主張している。[2]

九〇年代半ば以降は、非正規雇用の短時間雇用者の比率が上昇してきた影響もあって日本の平均的な労働時間の短縮は進んだ。しかし、九〇年代末から正社員労働者のなかでも三十代の男性を中心に長時間労働者の比率が高まった。労働時間の二極化現象である。働きたくても仕事が見つからない失業者や正社員になれないフリーターが増加した一方で、週六〇時間以上も働く長時間労働の正社員が増えてきたのである。長時間労働の正社員がうつ病になったり、過労自殺をしたりすることが社会問題となってきた。

労働時間規制が強化されたにもかかわらず、長時間労働の弊害が近年になって問題になってきたことは、働き方の変化が大きいと考えられる。労働時間管理が比較的容易なブルーカラー労働者の比率が下がり、時間管理が困難なホワイトカラー労働者の比率が増えてきたことが原因ではないだろうか。ホワイトカラーの仕事は、労働時間を厳密に管理することは不可能である。会社での仕事時間をきちんと管理したところで、自宅で仕事を続けることもできる。逆に、オフィス街の喫茶店で長時間休憩しているサラリーマンも多い。

ホワイトカラーの長時間労働は本当に抑制すべき問題なのだろうか。もし長時間労働を抑制すべきだとすれば、どのような手法が望ましいのだろうか。

長時間労働の問題を考える上では、労働者がワーカホリック（仕事中毒）になっているか、そうでないかが重要である。ワーカホリックとは、長時間労働をすると労働それ自体が苦痛でなくなってくるというアルコールや喫煙と似た依存症である。いったんワーカホリックになると、本人には長時間労働をやめる理由がなくなってきて、ますます長時間労働がひどくなるという悪循環に陥る。

ワーカホリックになる労働者がいた場合でも、それを政策的に抑制すべきなのか否かは、ワーカホリックが本人以外にどのような社会的なコストをもたらすかによる。ワーカホリックは、本人が好きで仕事をしている分には、他人に迷惑をかけることが少ないどころか、生産性を高めるという利点がある場合が多い。同僚の一人がワーカホリックになってくれて、自分のグループの生産性が上昇すれば、周りの人にとっていいことだ。

たばこ中毒の場合は、仕事中に喫煙時間を取ることによって本人の生産性を減らす可能性もある上に、受動喫煙というかたちで他人に迷惑をかける（経済学でいう負の外部性）。たばこに対して税や規制によって喫煙を減らすという政策をとることは正当化できる。ワーカホリックを抑制すべきか否かは、他人に迷惑をかけるか否か（負の外部性があるか否か）に依存する。

労働時間規制の経済学的根拠

◎ワーカホリックがない場合

まず、労働者がワーカホリックでない場合に、労働時間規制が必要かどうかを考えてみよう。労働者がワーカホリックでない場合、もし競争的な労働市場が成立していたのなら、意に反して長時間労働をさせられる会社があれば、その会社をやめて他の会社に勤めることができる。

長時間労働で高賃金である正社員と、短時間労働で低賃金である非正規社員との間で働き方を選択することも可能である。誰でも短時間労働で高賃金の仕事を選びたいが、それほど現実は甘くない。逆に、低賃金労働だからこそ長時間働きたいという労働者や、高賃金が一時的なものだと知っているからこそ長時間働く労働者もいる（「プロローグ」で述べた人気タレントがその例）。そうした人たちが長時間働くという選択を制限する必要性はどこにもない。ワーカホリックの問題がなく、自分で労働時間を選べるだけの競争的な労働市場が存在しているのであれば、労働時間規制の必要はどこにもない。

長時間労働の規制が必要なのは、他に職場がないために仕方なく低賃金で長時間労働をせざるを得ないという場合、長時間労働の職場であるということを知らずに就職し、転職市場が十分にないために長時間労働をせざるを得ない場合である。いずれにしても、競争的な労働市場が存在しない場合には、労働時間規制が正当化できるかもしれない。

長時間労働が健康を悪化させることが問題だという可能性もある。長時間労働による健康悪化の可能性を労働者自身が理解していたならば、労働者自らが健康を守るように労働時間を調整するはずである。労働者の健康悪化によって生産性が低下するのであれば、企業は生産性が低下しないよう健康管理をするはずだ。

短期雇用の職場では、労働者が健康な時だけ雇って、長時間労働で健康が悪化すれば解雇するということもある。この場合の政策としては、健康悪化のコストを企業に負担させる仕組みを作ることである。たとえば、医療費負担を企業に課するか、労働者の募集時に健康が悪化する可能性があるという情報を開示することを義務付けることである。後者の場合には、健康悪化のリスクを考慮した高い賃金でないと労働者は集まらない。

もし、ワーカホリックの問題がなければ、労働時間に関して法的規制をすべきというのは労働市場が競争的ではない場合である。労働市場を競争的にすれば、労働時間規制の必要性は小さくなる。競争的な労働市場があれば、労働者の健康を守るためには、職場の健康情報を開示させるか、労働による健康悪化の費用を企業に負担させることが直接的な対応策である。

◎ワーカホリックがある場合

労働者がワーカホリックになる可能性がある場合に、労働時間を抑制するような政策は正当化できるだろうか。ワーカホリックになって本人が健康を害してしまう場合には、その健康リスクを企業に負担させることが直接的な解決方法である。

それでは、健康悪化まで問題が深刻化しない場合には、ワーカホリックは社会的な問題になるだろうか。テキサス大学のハマメシュ教授とミシガン大学のスレムロッド教授は、職場と家庭におけるワーカホリックの外部性を考察している。[3]

彼らによればワーカホリックの外部性には、職場と家庭の双方でプラスの場合とマイナスの場合があるという。言い換えると、ワーカホリックには周囲に歓迎される場合と迷惑がられる場合の二つの可能性がある。職場においてワーカホリックが歓迎されるのは、同僚がワーカホリックになってくれたケースである。この場合、同僚は仕事自体が好きなので低賃金でも長時間労働をしてくれる。そのおかげで職場の生産性は高くなって、ワーカホリックになっていない人は通常の労働時間働くだけで、高くなった生産性から高い賃金をもらうことができる。ワーカホリックになった本人が健康を害してしまうと問題が生じるが、周囲はワーカホリックの社員が健康を害さない程度に長時間働いてくれることを一番歓迎する。ワーカホリックになった本人は、仕事が苦ではないのだから問題ない。この場合、ワーカホリックを減らすべき必要性はない。

問題になるのは、ワーカホリックになった人が昇進して、職場全体を長時間労働にさせる権力をもった場合である。この場合、部下の多くは長時間労働を望んでもいないのに、ワーカホリックの上司のために残業させられ帰宅できない、という負の外部性が発生する。これが多くの職場で観察される現象ではないだろうか。

家庭におけるワーカホリックの外部性も、プラスの効果とマイナスの効果がある。プラスの効果は、夫（妻）がワーカホリックになった妻（夫）にとって、その分所得が増え、より多くの消費ができることである。マイナスの効果は、配偶者と余暇を共有できないこと、配偶者が家事をしてくれないことである。「亭主元気で留守がいい」というのは、妻にとって所得が増える効果が夫の余暇が減少することの効果を上回るということである。ワーカホリックが配偶者に対して負の外部性をもたらすのであれば、離婚率が高まるという影響も出る。

◎ワーカホリックへの政策

職場でのワーカホリックで一番迷惑なのが、上司がワーカホリックになってしまうことである。もし、所得が高い人ほどワーカホリックになりやすいのであれば、所得の高い管理職層でワーカホリックが多いこ

とになり、その弊害は職場全体に及ぶことになる。ところが、管理職に対して労働時間の規制をしたところでその実効性はほとんどない。ハマメッシュ教授とスレムロッド教授は、高所得層ほどワーカホリックになりやすいのであれば、累進所得税をかけることがワーカホリック対策として有効であると主張している。累進所得税は、高所得層の労働意欲を削ぐことになり、彼らがワーカホリックになる比率を引き下げる。そうすると、高所得である管理職のワーカホリックが減って、部下が望んでいない職場での長時間労働も減るということになる。

日本の所得税制の累進度は九〇年代後半から低下してきた。長時間労働が問題になりだしたのも九〇年代後半からである。ひょっとすると所得税がフラット化したことが、日本の管理職のワーカホリックを増やして、その部下たちの長時間労働問題が深刻化したのかもしれない。

ワーカホリックになりがちな人というのは、たばこやギャンブルといった依存症になりやすい人と関係があるかもしれない。あるいは、肥満に悩む人や借金を抱えている人と共通の特色をもっているのではないだろうか。というのは、依存症から脱出できなかったり、肥満になりやすい人は、たばこをやめたりダイエットをはじめるという行動を先延ばししてしまう傾向があるからだ。これは、すでに説明した時間割引率の特性である「双曲割引」というものだ。この特性が強い人は、仕事を先延ばしして残業をするという傾向が強かったり、断ることを先延ばしして仕事を多く抱え込んだりするのではないだろうか。

岡山大学の奥平寛子准教授と私は、子どもの頃夏休みの宿題をいつやっていたかを先延ばし行動の指標にして、それと長時間労働との関係を統計的に調べてみた。[4] そうすると、管理職については、夏休みの宿題を最後のほうにしていた人ほど、週六〇時間以上の長時間労働をしている傾向があることが確認できた。もし、仕事を引き受けすぎて長時間労働をしているのであれば、そういう人たちは所得が高かったり、昇進しているはずであるが、残念ながらそのような傾向は確認できなかった。つまり、管理職の長時間労働の一部は、仕事を先延ばしした結果、勤務時間内に仕事が終わらず、残業をしている可能性が高い。そうだとすれば、残業をしにくい環境にすることで、人々は所定の勤務時間内で仕事をせざるを得ないようになって、生産性も上昇することになる可能性が高い。

労働時間管理が困難なホワイトカラー層の労働時間を引き下げる方法としては、残業をするのに面倒な手続きが必要な制度を作ったり、照明を消したりすることがある。現在の職場の多くは、残業をすることが当たり前で、定時に帰るためには職場に気を遣う必要があるところが多いのではないだろうか。これを逆にして、定時に帰ることが普通で、残業をするためには少しだけ面倒な手続きが必要なようにすれば、人々の行動は大きく変わる可能性がある。

もっと強力な手段として、残業をしていると生活が困難になるような規制をすることも一つである。商店の開店時間に規制をかけると、残業をすると生活に困るということになるかもしれない。そうすると、長時間労働をしたいワーカホリックの管理職であっても部下に残業を命じることが難しくなる。ただし、この規制はワーカホリックでない人の利便性を大きく損なってしまう。一部のワーカホリックの人のために多数の人が迷惑を被ることになるので現実的ではない。

もう一つの方法は、健康管理は管理職の責任だというシステムを設計することである。部下に長時間労働をさせて短期的に業績を上げたとしても、部下の健康状況を悪化させた場合には、その管理職の評価を低くするという仕組みを作るのである。従業員の健康状況が企業の収益に影響されるのであれば、企業は管理職に対してこのような評価制度を作ることになる。

労働時間規制と格差

労働時間を規制すると格差が大きくなるという可能性もある。筆者が勤務する国立大学では、労働時間に関して大きな規制の変更に直面した。二〇〇四年に国立大学が独立行政法人になる際、教職員は公務員から非公務員に変わり、労働基準法の規制のもとで雇用されることになった。その際の変化のなかの一つに労働時間管理が厳しくなったことがある。公務員時代はサービス残業は当たり前だったが、非公務員になるとサービス残業をさせると労働基準監督署から厳しい注意を受け、時によっては処罰されることになった。労働者にとっては望ましい変化のはずだ。しかし、筆者は何人かの大学の管理職から、法人化後、職員の間の格差が拡大していること、格差拡大に悩んでメンタルヘルスを悪化させる職員が増えたということを聞いた。

どうしてそんなことが起こるのだろうか。管理職が一様に指摘するのは、つぎのような点である。

「公務員時代は達成しなければならない仕事が決まっていて、仕事をこなすスピードに職員の間で差があった場合、仕事のスピードが遅いものは長時間労働によってサービス残業をして課題を達成していた。しかし、法人化後は超過勤務が厳しく管理されるようになったので、仕事が遅い職員は勤務時間内に課された仕事を終了できないため、仕事が速い職員と遅い職員の間で成果に大きな差が出るようになった。賃金も成績査定の幅が大きくなっているので、成果の差が所得にも跳《は》ね返るようになってきた。労働時間の差で仕事を補えない分、成果の差が職場でもはっきりわかるようになってきて、それがメンタルヘルスを悪化させる原因にもなっている」

こうした変化に加えて、国立大学が法人化されて仕事の質そのものが変化したことも成果の差をもたらす原因だろう。法人化前の国立大学の事務の仕事は、文部科学省で決められたルールをマスターし、それを大学に適用し、きちっと守っていくという能力が重視された。しかし、法人化後は、各大学である程度自由に仕組みを作っていくことができる。つまり、「仕組みを作る」という創意工夫が要求される仕事が事務職員のなかにも増えてきたわけだ。おまけにＩＴ化が進行し、単純作業はＩＴ化されていった。民間企業では、国立大学のような制度改正というショックはなかったが、技術革新の影響は同じであろう。

創意工夫が重要な仕事になればなるほど、労働時間による管理は向かなくなる。技術革新のために、仕事の多くが創意工夫やアイディアに依存するようになり、生産性の個人差、個人のなかでの時間的変動が大きくなってきた。それにもかかわらず、労働時間の管理が厳しいとそうした生産性の差がそのまま成果の差として反映されるようになってしまう。

もっとも、生産性が低い部分を補うために長時間労働を無制限に放置しておいていいわけではない。長時間労働の最大の弊害は健康を害することである。必要なことは、裁量労働制の範囲をもっと広げることと、健康管理の義務付けを厳しくしていくことである。

管理職の責任と長時間労働

日本の会社でホワイトカラーが長時間労働になる一つの理由は、無駄な長時間の会議が多すぎることだろう。職場で会議をすることのメリットは、職場全員で情報を共有することができて生産性を高めることができるからである。しかし、多くの会議は、参加者にほとんど関係のないように思えることまで、報告されることもある。これは、会議で報告して全員の了承を得たという担当者の責任逃れや実績作りが原因ではないだろうか。会議の参加者に報告しなくても担当の管理職にだけ報告しておけば、担当の管理職だけの責任になるはずのものまで、全員に報告することで責任を広く分散することができる。実績が上がっていない部門は、実績を上げるために努力をするのではなく、会議で実績が上がっていないことを正当化するための資料作りの仕事をする。成果ではなく、会議を何回したかというような労働時間で仕事を評価する管理職がいれば、会議の回数と時間は増えていく。

一方、会議出席者で責任を分散せず、管理職に集中させるのであれば、その分管理職の報酬を高くする必要もある。報酬は今までと変わらないのに責任だけが重くなるのであれば、誰も管理職をやりたがらない。管理職になりたがるのは、ワーカホリックだけということになれば、悪循環である。

長時間労働をすることは、所得の上昇につながる可能性があることもあって、それを規制することに対する拒否反応は強い。実際、すでに紹介したように日本の九〇年代の不況が労働時間規制によって発生したという研究もあるくらいだ。ところが、長時間労働が他人に迷惑をかけているのであれば、何とかして対策を考える必要がある。特に問題なのは、職場の管理職が依存症的な長時間労働をする場合である。本人はよくても部下も長時間労働につき合わされる結果、健康を害したり、家族との時間をもてなくさせてしまうことは大きな問題である。

長時間労働が必ずしも生産性を高めていない上に、他の社員に迷惑をかけている場合には、残業をしにくくするような仕組みを作ったり、残業時間を管理できない管理職の評価を下げたり、責任を明確にして不必要な会議を減らすことが必要ではないだろうか。

1　菅野和夫（二〇〇二）
2　Hayashi and Prescott（2002）
3　Hamermesh and Slemrod（2005）
4　大竹・奥平（二〇〇九）

コラム③　看護師の賃金と患者の死亡率

「賃金規制は、死亡率を高めている」、イギリスの経済学者が発表した論文の主張だ。ブリストル大学のホールとプロッパー、そしてロンドン大学のヴァン・リーネンの三氏は、イギリスの看護師の賃金が、全国一律に決められていることが、高賃金地域での患者の死亡率を高めていることを明らかにした[1]。

全国で一律に看護師の賃金が決められていると、大都市では他の代替的な仕事の賃金が高くなり、優秀な看護師を集めることが難しくなる。そこで、高賃金地域の病院は、賃金規制の対象外である派遣看護師をより多く雇うことになる。派遣看護師は、常用看護師よりも当該病院内のことに詳しくない上、経験も少ないことが多い。このため、病院のパフォーマンスを引き下げる。彼らの研究によれば、地域で民間企業の女性の賃金と看護師の賃金の間の格差が一〇パーセント拡大すると、心臓発作による死亡率が五パーセント上昇するという。

この衝撃的な研究結果は、私たちにとって他人事《ひとごと》ではない。日本の医療制度も診療報酬点数制度という規制体系のもとで運営されている。小児科医や産婦人科医が不足して大きな問題になっている。いわば、医師の報酬が規制されているために、医師の診療科目によって需給ギャップが発生しているのだ。

賃金規制をすることで、私たちはサービスの質の低下に直面している。実は、この問題は看護師や医師に限ったことではない。公的部門の賃金は、集権的に決められることが多い。その結果、市場実態からかけ離れた高額の賃金が支払われていることがしばしば問題になる。公営バスの運転手の高賃金はよく知られた例である。そのような民間と比べて過大な賃金は、引き下げる必要があるのは当然だ。一方で、公的部門の賃金が過小なために、公的サービスの低下というコストを支払っている可能性がある。

警察官や教師の賃金が相対的に低くなると、代替的な仕事が多くある都市部では、警察官や教師の質が低下してくる。その結果、治安の悪化や教育の質の低下に直面するのは私たちだ。

財政再建のために公的部門の給与の一律カットをすることが多い。一律カットは、当事者の間の利害対立を抑えるためには政治的に有効な手法だ。しかし、職種によってはもともとの賃金が民間の同種賃金よりも高いものも低いものもあったはずだ。民間に比べて当初から低い部門の賃金が一律カットで下がってしまうことのコストは、生産性低下として跳ね返る。政治的には困難であっても、本当に過大な賃金が支払われている部門を峻別《しゅんべつ》していくことが必要だ。

賃金規制が派遣看護師を増やした結果、病院の質が低下したという結論には、私たちにもう一つの教訓を与えてくれる。それは、日本の正社員への強い雇用保障が、派遣や非正規社員を増やしたことから生じた副作用である。

優秀な派遣社員であったとしても、正社員ほどは職場の状況を知らないだろう。職場にはトラブルがつきものだが、めったに発生しないトラブルに直面した時の対応が、企業の命運を決めることが多い。経験が少ない派遣社員や非正規社員が多くなると、いざという時の対応で致命的なミスになる。労働市場規制のあり方が企業の死亡率にも影響しているのかもしれない。

1 Hall, Propper and Van Reenen（2008）, Propper and Van Reenen

4　最低賃金引き上げは所得格差を縮小するか？

最も被害を受けるのは生産性の低い人

二〇〇九年、厚生労働省が日本の相対的貧困率が一五・七パーセントという高い水準にあることを発表したこともあって貧困問題が注目を集めている。

貧困解消の手段として、多くの人が考えるのは、最低賃金の引き上げである。〇九年の衆議院選挙で民主党が最低賃金を一〇〇〇円に引き上げていくことを公約に戦って、政権をとったのはその典型である。最低賃金制度とは、最低賃金法にもとづき国が賃金の最低限度を定め、使用者はその最低賃金額以上の賃金を労働者に支払わなければならないとする制度である。最低賃金は、都道府県別に決められている。産業や職種にかかわりなく適用される地域別最低賃金は、〇九年の時点で、最も低い沖縄などの時給六二九円から東京の七九一円までの間で分布しており、全国平均は七一三円である。そもそも最低賃金引き上げは、本当に貧困解消策として有効なのだろうか。

実は、最低賃金引き上げで被害を受けるのは、新規学卒者、子育てを終えて労働市場に再参入しようとしている既婚女性、低学歴層といった、現時点で生産性が低い人たちだ。最低賃金の引き上げで、彼らの就業機会が失われると、仕事をしながら技術や勤労習慣を身につけることもできなくなる。

では、最低賃金を上げても、仕事が失われない可能性はないのか。そうでもない。最低賃金周辺の労働者が、生産性よりも低い賃金しか支払われていなかった場合である。一般には生産性より賃金が低ければその会社では誰も働いてくれないが、労働市場が需要独占、すなわち買い手市場の時にそういうことが発生する。

高校生がアルバイトをしようとした時、近所の働き口がファストフード店一つしかなかったとしよう。この時、この店の店長は、この高校生を雇うのに、生産性ちょうどの賃金を支払う必要はない。他に働き場所がないのだから、高校生が働いてくれる最低限の賃金を提示すればいい。つまり職場の数が十分にないと、人々の賃金は生産性より低くなってしまう。この状況なら、最低賃金の引き上げが雇用を「増やす」ことも考えられる。最低賃金引き上げで提示される賃金が上がれば、働きたい労働者が増えるからだ。企業にとっては、彼らを追加的に雇って売り上げを増やすことで、最低賃金引き上げによる利益の目減りを少なくすることができる。

それでも、研究者は最低賃金の引き上げが雇用にマイナスの影響を与えると考えてきた。低賃金労働の多くは離転職が多く、競争的な労働市場が成り立つと考えられてきたからだ。実際、ミシガン大学のブラウン教授らが一九八二年に発表した最低賃金に関する展望論文では、それまでの実証研究は最低賃金の一〇パーセントの引き上げが十代の雇用を一～三パーセント引き下げる影響をもつことで結果が一致していることを示した。[1]これが長い間経済学者の間の共通理解であった。

この常識を打ち破る研究が、九〇年代に現れた。中心となったのは、米カリフォルニア大学バークレー校のカード教授とプリンストン大学のクルーガー教授だ。カード教授は、九〇年の連邦最低賃金の引き上げ前後の州別データを用い、もともと賃金が低く最低賃金引き上げの影響を強く受けた州の十代の雇用率は、引き上げの影響が小さかった州に比べて賃金が上昇したにもかかわらず、雇用率が低下していないことを明らかにした。[2]

最も影響力があった研究は、カード教授とクルーガー教授が九四年に『アメリカン・エコノミック・レビュー』誌に発表した共同研究である。彼らは、九二年にニュージャージー州で最低賃金が引き上げられた際のファストフード店の雇用の変化を電話インタビューで調査した。[3]隣接するペンシルバニア州では、最低賃金の引き上げが行なわれなかったので、両州のファストフード店の雇用の変化を比較することで、最低賃金の影響を分析した。

長期に出てくる引き上げの影響

それによると、アメリカのファストフード店の多くは、最低賃金近辺で労働者を雇っており、彼らのデータでもニュージャージー州のファストフード店の賃金は、最低賃金引き上げ後に上昇した。しかし、ニュージャージー州のファストフード店の雇用者数は、ペンシルバニア州の隣接地域に比べて「増加」したのである。つまり、需要独占的な労働市場を前提にしないと説明できない状況が発生したことが実証的に示されたのである。このケーススタディは、非常にうまく設計された研究であったので、研究者に大きな影響を与えた。

カード、クルーガー教授の一連の研究を契機に、最低賃金の雇用への影響に関する多くの実証研究が生まれ、論争が繰り広げられることになった。現段階で論争が完全に決着したとはいえないが、九〇年以降の一〇二の実証研究を展望し、逆に雇用にマイナスの影響を与えるという研究結果が増えているとの論文〈NBER〈全米経済研究所〉ワーキングペーパーNo.12663〉が、二〇〇六年秋に発表された。この論文の二人の筆者、カリフォルニア大学アーバイン校のニューマーク教授と米連邦準備制度理事会のワッシャー氏によると、九〇年以降の実証研究のうち約三分の二がカード＝クルーガー仮説に否定的な結果で、未熟練労働に焦点をあてた研究の多くでは特にその傾向が強いという。[4]

最低賃金の雇用への影響を調べる上で、注意すべきこととして、賃金引き上げの影響は短期でなく長期に出てくることが多いこと、特定の産業の影響だけでなく低賃金労働者全体の雇用に注目すべきこと、最低賃金の引き上げは低賃金労働者のなかでの雇用の代替を発生させる可能性があることなどをニューマーク教授らはあげている。

最低賃金が引き上げられた場合の雇用主の対応は、すぐ労働者を解雇するというより、時間をかけて機械化を進めたり、より質の高い労働者に代替したりするのが普通なので、最低賃金引き上げからある程度時間を経た影響を調べる必要がある。

また、あまりに狭い範囲の産業だけを分析対象にすると、間違った結論を得る可能性がある。たとえば、最低賃金の引き上げが、最も競争力の弱い産業の雇用を喪失させ、それと代替的な低賃金産業の雇用を増やすかもしれない。その時、代替的な産業の雇用だけを観察すると雇用が増えているかもしれないが、未熟練労働全体の雇用は低下している可能性もある。

影響度の研究、日本でも進む

日本では八〇年代には最低賃金の地域差は縮小したが、九〇年代以降は固定的であった。九〇年代には、最低賃金の平均賃金に対する比率（カイツ指標）は大都市では上昇したが、地方ではわずかに上昇あるいは低下する傾向があった。そうした変化のため、カイツ指標は都市と地方で平準化する傾向があった。しかし、カイツ指標の水準としては、地方のほうが都市部に比べて高いまま推移した。そのため、最低賃金が労働市場に影響を与えだしている。たとえば、京都大学の有賀健教授は、都道府県別の高卒新卒者の求人数が最低賃金の上昇で減少したことを発見した。[5] また、一橋大学の川口大司准教授とユニバーシティ・カレッジ・オブ・ロンドン（UCL）院生の山田憲氏は、最低賃金引き上げの影響を受けた人が仕事を失う可能性が高いことを実証的に示した。[6] 神戸大学の勇上和史准教授は、九〇年代後半以降、若年失業率と最低賃金の間に正の相関を見出している。[7]

地方で最低賃金の引き上げが平均賃金の上昇をもたらしていた場合、理論的に可能性があるのは、地方での労働市場が需要独占になっていたという想定である。地方では雇用機会が少ないと考えれば、十分にあり得る話だ。需要独占になっていたとすれば、この節でも解説したとおり、最低賃金が引き上げられると最低賃金近傍の人たちの賃金がその分引き上げられると同時に雇用も「増加」する。そうすれば、地方での最低賃金の引き上げは、望ましかったということになりそうだ。しかし、問題は需要独占の想定では、失業は存在しないということである。需要独占（モデル）で雇用が少なくなる理由は、賃金が低すぎるためであって、「働きたいのに働く場所がないという非自発的失業」ではないのである。この想定が、失業問題が深刻だった地方であてはまるのかどうかが問題になる。また、需要独占が正しければ、最低賃金が引き上げられても雇用が減少しなかったはずだ。しかし、実際には地方での雇用は減少している可能性が高い。

もう一つの可能性は、地方では、最低賃金の引き上げが一般の賃金に与える影響が制度的に大きく、最低賃金の引き上げがそのまま、平均賃金の上昇につながりやすいというものだ。この場合、平均賃金が上昇するので、最低賃金と平均賃金の差は一定のままであるが、平均賃金の上昇が失業と雇用減少をもたらしてしまうことになる。

いずれにしても、一般の賃金の決定メカニズムにおける最低賃金の役割の地域差や、それが雇用に与える影響について、より詳細な研究が必要だろう。

以上の議論に加えて、最低賃金の近傍の仕事をしている人たちの特性をもう少し考えてみることも必要かもしれない。低賃金のパートタイム労働をしている人たちは、本当に低賃金の仕事しか得られない状況にあるのかどうかという問題だ。消費者金融でお金を借りすぎて多重債務になってしまう人は、将来の借金返済よりも現在の消費をより重視するために、高い金利でもお金を借りてしまう傾向がある。そうした人は、消費者金融会社がいくらたくさんあっても、さまざまな消費者金融会社の貸出条件を十分に吟味《ぎんみ》せずに高金利でもお金を借りてしまうことがあるかもしれない。低い金利で貸してくれる消費者金融会社を捜し歩く手間と時間よりも今のお金が欲しい場合がそうだ。

似たことは、仕事を探す場合にもあてはまらないだろうか。求人広告を見て何社にも応募して面接に行って仕事を見つけるよりも、安い賃金であっても今日すぐに仕事ができてお金がもらえるほうを選んでしまう人がいるだろう。そういう人がいることを知っている雇い主は、その日に賃金を現金で支払うという条件で安い賃金を提示するかもしれない。労働者は、そのような低賃金労働を選ばずに、数日間の職探しをまじめにすれば、より高い賃金の仕事に就けた可能性がある。もし、最低賃金近傍の労働者にこのタイプの労働者が多いのであれば、最低賃金の引き上げの評価は異なってくる。最低賃金引き上げは、雇用量を低下させ、失業期間を長期化させるかもしれないが、低賃金労働にとびついて後で悔やむことになる人を減らす可能性があるのだ。

また、最低賃金を引き上げた結果、未熟練の低賃金労働が禁止されることになるので、企業は、技能の高い労働者だけを採用するようになる。技能が低い労働者は失業することになるが、合理的な労働者は教育・訓練を受けて技能を高めて仕事に就けるよう努力するかもしれない。この場合には、失業者が教育・訓練を受けることが可能な制度の設計が必要になる。

最低賃金引き上げは、貧困解消手段として政治的にアピールしやすい。だがこの結果、一番被害を受ける恐れがあるのは、前述のとおり最も貧しい勤労者やこれから仕事に就こうとする若者・既婚女性だ。雇用者同士の賃金格差は縮小し、労働組合には、有効な格差是正策である。ただし、それは最低賃金の引き上げで職を失ったり、職を得られなかった人を排除した結果得られたものである。社会全体でみれば、最低賃金引き上げで職を失った人まで考えれば、格差はむしろ拡大することになる。

真の貧困救済策はどうあるべきか。第一は、教育訓練を充実することだ。質の高い労働者なら、企業はそれだけ高い賃金を喜んで払うだろう。子どもの頃からの教育の充実も大事だ。第二は、給付付き税額控除や勤労所得税額控除のような負の所得税を作ることだ。賃金規制という強硬手段で失業という歪みをもたらすのではなく、税と社会保障を用いた所得再分配で貧困問題に対応するのが筋である。

1　Brown *et al.*（1982）
2　Card（1992）
3　Card and Krueger（1994）
4　Neumark and Wascher（2006）
5　有賀健（二〇〇七）
6　Kawaguchi and Yamada（2007）
7　勇上和史（二〇〇五）

5　外国人労働者受け入れは日本人労働者の賃金を引き下げるか？

人口減少による労働力不足に対し、外国人労働に依存してはどうか、という議論がしばしばなされる。実際、外国人労働の受け入れ拡大も少しずつはじまりだした。外国人の受け入れ問題は、意見の対立が激しい。国際的競争の激化、人口減少という企業環境のもとで、低賃金労働者を求めたいという企業経営者の要望は高まっている。一方、外国人犯罪の増加を懸念して、外国人の受け入れに対し否定的な意見をもつ国民も多い。二〇〇五年のＪＧＳＳ調査（日本版総合的社会調査）によれば、「あなた（わたし）の町に外国人が増えることに反対」だと答えた日本人は六三パーセントと過半数を超えている。

標準的な経済学において、外国人労働者の導入の効果はどのように考えられているかを最近の論争を通じて紹介したい。

外国人労働の効果

外国人労働が受け入れ国の経済にとって、どのような影響を与えるかは、外国人労働と受け入れ国の労働者や資本との代替・補完関係が重要である。たとえば医師と看護師は、どちらか一方が欠けると医療の生産性が落ちるという意味で補完的な関係にある。結論から言えば、外国人労働者と国内労働者が同質的であって、同じような仕事をしているのであれば、外国人労働者の増加は国内労働者の賃金を引き下げる。しかし、その場合でも、国全体からみると便益がある可能性が高い。それは、機械や設備といった資本が労働とはある程度補完的だからだ。

外国人労働が増えると、増えた労働力を完全に雇用するためには賃金が低下することになる。もし、資本と労働が完全に代替的であれば、資本への需要はその分低下してしまう。しかし、資本と労働が補完的であれば、低賃金でより多くの労働を雇って生産量を増やすに伴って資本への需要が増える効果が発生し、資本所得が増加する。つまり、国民にとってみると、賃金所得が低下した効果と資本所得が増加した効果の両方があり、資本所得が増える効果のほうが大きいことが知られている。したがって、外国人労働の増加による便益は、所得分配を変化させるが、日本人の所得を増加させるので、適切な所得再分配政策があれば、日本人全体は外国人労働の増加によって便益を受けるのである。

労働の異質性

同じことは、労働者の間に異質性があって、労働者グループの間で不完全な代替関係があっても発生する。日本人労働者が高度な労働を行ない、外国人労働者が単純労働をしていて、両者の労働が補完的であれば、単純労働の外国人労働者の増加は、高度な労働をしている日本人労働者の賃金を引き上げることになる。ただし、日本人の単純労働者と外国人単純労働者が代替的であれば、単純労働をしている日本人労働者の賃金が下がることになる。つまり、日本人労働者内での賃金格差が拡大する。逆に、高度人材に絞った外国人労働者の増加は、日本人の高度技術者の賃金が低下することになるが、単純労働の賃金を引き上げることになり、両者の賃金格差は縮小することになる。

高度な技能労働者と単純労働者では、どちらが資本と補完的かということも、企業経営者にとっては重要である。もし、単純労働よりも高度な労働のほうが資本と補完的であれば、高度な技能労働者を選択的に入れることが、企業経営者にとって望ましい。

したがって、単純労働と高度労働それぞれにおいて外国人労働者と日本人労働者が代替的で単純労働と高度労働が補完的であれば、単純労働の外国人労働者を入れると、日本人単純労働者の賃金が低下し、高度労働者との賃金格差が拡大する。一方、高度労働の外国人労働者を入れると、高度労働の日本人労働者の賃金が低下し、賃金格差が縮小する。また、単純労働の外国人労働者を入れると、福祉に依存する比率が高くなり日本人の税負担上昇の要因になるが、高度労働の外国人労働者であれば、高い所得で税金を支払ってもらえる上に、福祉への依存も低いと予想でき、イノベーション促進による経済成長を高める効果も期待できる。このような理屈から、多くの国では、単純労働の移民を制限してきた。

アメリカにおける論争

アメリカでは、移民に対する考え方が世論を二分している。経営者の経済的便益を重視するか否か、低賃金層への影響をどう考えるか、外国の文化の影響が増すことをどう考えるか、といった複数の問題が併存するため、共和党内でも民主党内でも意見が分かれているのだ。

こうした政治的な問題を背景にして、移民労働者の影響についても、経済学者の間で激しい論争が行なわれている。その論争を通じて、何が共通認識で、どこが意見の対立点になっているのかを明らかにしたい。アメリカにおける移民労働に関する実証研究の蓄積は、日本において外国人労働の導入の進め方を考える上で、有益な示唆を与えてくれる。

アメリカでは、地域によって、移民労働者の比率が大きく異なるので、その違いを利用して、外国人労働者が自国労働者の賃金に与える研究がなされてきた。多くの研究で、移民労働者がアメリカ生まれの単純労働者の賃金を引き下げる効果はほとんどないか、あったとしてもわずかであるという結果を示してきた。これらの研究の中心には、カリフォルニア大学バークレイ校のカード教授の一連の研究がある。[1]

これに対し、自らもキューバ難民という移民であるハーバード大学のボルハス教授は、アメリカの移民政策が単純労働の賃金を引き下げる効果をもつことを示す論文を二〇〇三年に発表した。[2] 彼の研究は、移民労働者とアメリカ生まれの労働者は、同じ学歴と経験をもっていれば同質的であると仮定した上で、学歴や経験が異なると補完的であるという実証モデルを集計データを用いて推定し、移民政策の影響を分析したものだ。その結論は、単純労働の供給が一〇パーセント増えると、彼らの賃金が三~四パーセント低下するというものだった。

ボローニャ大学のオタヴィアノ教授とカリフォルニア大学デーヴィス校のペリ教授は、外国人労働者とアメリカ出身労働者の同質性というボルハス教授の仮定に疑問をもち、同じ学歴・経験をもっていても移民労働者とアメリカ出身労働者は補完関係にある可能性を許容したモデルを推定した(OP論文)。[3] 二〇〇六年のNBERのワーキングペーパーとして発表された彼らの研究結果は、九〇年から二〇〇四年までアメリカへの移民労働者は、アメリカ生まれの労働者の賃金に、平均としてはプラスの影響を与えていたことを示した。

この論文に対して、ボルハス教授は、二〇〇八年三月に反論の論文を彼のホームページ上

表Ⅲ－１　移民労働者のアメリカ生まれの労働者への賃金効果
（1990－2006）

学歴	短期効果	長期効果
高卒未満	－0.7%	0.3%
高卒	－0.6%	0.4%
大学中退	0.0%	0.9%
大卒	－0.5%	0.5%
平均	－0.4%	0.6%

出所：Ottaviano and Peri "Immigration and National Wages: Clarifying Theory and the Empirics"（http://www.econ.ucdavis.edu/faculty/gperi/）の表８

表Ⅲ－２　アメリカの移民とアメリカ生まれ労働者の労働供給と賃金変化
（1990－2006）

学歴	移民による労働供給の変化	アメリカ生まれ労働者の賃金変化
高卒未満	23.6%	－3.1%
高卒	10.0%	－1.2%
大学中退	6.0%	－1.9%
大卒	14.6%	9.3%

出所：Ottaviano and Peri "Immigration and National Wages: Clarifying Theory and the Empirics"（http://www.econ.ucdavis.edu/faculty/gperi/）の表１

に発表した。[4] ボルハス教授は、ＯＰ論文にはデータの処理と計量経済学的な取扱いに間違いがあることを指摘した。これを正しい方法に修正すると、同じ学歴と経験をもった移民労働者と自国労働者は同質的だという結論が得られ、ボルハス教授のもとの結論が正しくなるという。オタヴィアノ教授とペリ教授は、ボルハス教授の批判に応える論文を、同じ年の七月に発表した。[5] ボルハス教授の指摘した点を修正しても、移民労働がアメリカ生まれの労働者の賃金へ与える影響は、長期的にはプラスであり、短期でみてもマイナスの影響は小さいと主張している（表Ⅲ－１）。これには、アメリカへの移民は低学歴者だけではなく高学歴の移民も多かったことも影響している（表Ⅲ－２）。

以上のように、移民が自国生まれの労働者の賃金を引き下げるか否かについては、まだ確定的な結論が出ているわけではない。しかし、単純労働の外国人労働を増やした時に、まったく同じ仕事をしている自国出まれの労働者の賃金は下がる可能性が高いことは否定できない。議論されているのは、その程度が大きいか無視できるほど小さいか、という問題だ。その程度を決めるのは、外国人労働者・自国生まれ労働者・資本とがどの程度補完的であるか、ということだ。また、高度の技能をもった移民が受け入れ国にプラスの影響を与えることを否定する経済学者はほとんどいない。

アメリカの研究で、移民の増加がアメリカの低学歴労働者にも大きなマイナスの影響を与えていないという結論が得られているのは、高学歴の移民労働者も多かったこと、低学歴の移民労働者とアメリカ生まれの労働者が補完的な仕事をしていることが理由だ。外国人労働の拡大を検討する場合には、日本人労働者との代替・補完性を考慮することが必要だ。

1 Card (1992)
2 Borjas (2003)
3 Ottaviano and Peri (2006)
4 Borjas *et al.* (2008)
5 Ottaviano and Peri (2008)

6　目立つ税金と目立たない税金

便利さの落とし穴

ＥＴＣ（高速道路の自動徴収システム）やスイカ、パスモ、ピタパ、イコカといったＩＣカードによる鉄道の自動改札は、料金所や切符販売所の混雑を大幅に減少させた。利用者の利便性をあげたと同時に、高速道路会社や鉄道会社にとってはコストの低下になっただろう。しかし、便利さの裏に落とし穴があるのも事実である。鉄道に乗る前に切符を事前に買ったり、料金所でお金を支払っていた時に比べて、鉄道料金や道路料金をあまり気にしなくなったということはないだろうか。

実際、マサチューセッツ工科大学のフィンケルステイン教授は、アメリカの有料道路ではＥＴＣの導入後、道路料金に運転手がＥＴＣの導入以前ほどには敏感に反応しなくなったために、道路料金はＥＴＣが導入されていなかった場合より二〇パーセントから四〇パーセント高くなっていることを明らかにしている。[1]

ハーバード大学のチェティ教授らは、価格表示の方法が売り上げに与える影響を調べるために興味深い実験を行なった。[2] アメリカのスーパーマーケットでは、価格は「税抜き価格」だけが表示されていて、会計の際に、売上税が上乗せされた金額が表示されて支払うことになる。彼らは、北部カリフォルニアのあるスーパーで、一部の商品について「税抜き価格」だけの値札に「税抜き価格＋売上税＝税込み総額」という値札を付け加えた。この結果、この値札をつけた商品は、八パーセントも売り上げが低下したという。この地域の売上税の税率は、七・三五七パーセントだったので、消費者は単なる税額の表示方法の変更を価格上昇と感じて、税額分だけ商品購入を減らしてしまったのである。この結果は、消費者が売上税率を知らないからもたらされたのではない。彼らの調査によれば、ほとんどの消費者は正確に売上税の税率を知っていたという。

ただし、チェティ教授らの実験は、ある特定のスーパーマーケットで一部の商品について三週間だけ行なわれたものである。価格の表示形式が混在しているために、消費者が価格が高くなったと誤解しやすかった可能性もある上、期間が短かったことが影響しているかもしれない。

そこで、彼らはより長期にわたる価格表示の効果を、酒税がビール消費に与える影響を分析することで確認した。アメリカのビールには、物品税と売上税の両方が課税される。物品税は、店頭で「税抜き価格」に含まれているが、売上税はレジで計算される。つまり、酒税という物品税は、「目立つ」税金だが、売上税は「目立たない」税金ということになる。州によって、酒税と売上税が異なる上、税率の変化のタイミングも異なるので、それぞれの税率の変化がビールの消費量に与える影響を推定できる。その結果は、物品税の一パーセントの上昇は、ちょうどそれと同じ程度のパーセントのビール消費量の減少をもたらすのに対し、売上税の上昇はビール消費量にほとんど影響を与えないというものだった。

彼らの結果は、消費者はたとえ売上税を正しく知っていたとしても、店頭の価格表示でそれが示されていないと、消費行動は店頭価格だけに依存してしまうことを意味している。つまり、売上税が店頭表示されないと、消費者はそれに影響されないで消費量を決めてしまうので、売上税を実質的に負担してしまうことになる。もし、売上税が価格表示に含まれていたら、商品の売り上げが低下するので、消費者だけではなく小売店も売上税を実質的に負担していたのである。

誰が税を負担しているのか

価格の表示方法や自動支払いか否かによって、私たちが価格に対する行動を変えるということが事実であれば、伝統的な経済学の前提は大きく崩れてしまう。最も大きな影響を受けるのは、税に関する議論であり、それを考慮した分野が行動財政学と呼ばれている。特に、誰が本当に税を負担しているかという議論が影響を受ける。

誰が本当に負担しているかということで議論になる税の種類に、社会保険料の労働者負担と事業主負担がある。労働者負担は、労働者には目に見えやすく、事業主負担は目に見えにくい。伝統的な経済学では、事業主負担の社会保険料であれ、労働者負担の社会保険料であれ、手取り賃金を引き下げるという意味では同じなので、第一義的な負担者がどちらであるかということと、実質的な負担者が誰であるかということは無関係だと考えてきた。

ところが、経済学者以外には、直接税や社会保険料を負担するということと実質的にそれらを負担するということは同じだと考えられている。「A事業の費用は、事業主負担分の社会保険料から支出されているから、その使い道は、事業主の便益になるようにすべきだ」、という趣旨の意見が財界から出されたり、「社会保険料の労働者負担を減らして、事業主負担を増やすべきだ」という意見が労働側から出たりする。また、厚生労働省も公的年金の収益率を計算する際、労働者の保険料負担支払額の計算には労働者負担分しか考慮に入れない。

社会保険料の事業主負担

伝統的経済学では、社会保険料の事業主負担に対してつぎのように考える。三〇万円の価値がある労働をしている人に対して、保険料負担がない時に三〇万円を支払っていたとする。仮に、事業主負担の社会保険料が導入され、その金額が五万円になったとしよう。この企業は三〇万円の賃金に五万円の社会保険料をプラスして合計三五万円を労働者に支払うようになるだろうか。そうはならない可能性が高い。三〇万円の価値の労働をしている人に、実質三五万円支払うことはできないからだ。三〇万円の価値の仕事に三五万円支払うと赤字になってしまい、長期的にはその人を雇い続けることができない。企業は、いずれ二五万円の賃金に引き下げるはずだ。

では、同じ五万円の社会保険料が労働者負担として導入されるとどうなるだろうか。企業が支払う賃金は、三〇万円のままだから、労働者の手取りは二五万円になる。手取りが二五万円になると労働者がかわいそうだから賃金を引き上げようという企業は少ないだろう。どちらのケースも労働者は二五万円の手取り賃金に下がり、五万円が社会保険料となる。直接支払うのが、労働者であろうと事業主であろうと無関係である。

伝統的経済学の考え方

実は、経済学的な意味での社会保険料の実質的な負担は、直接誰が社会保険料を負担するかということとは無関係で、労働需要と労働供給が賃金変化に対してどの程度影響を受けるかによって決まるとされている。

仮に、労働者が賃金水準にかかわらず毎日八時間働きたいと思う人だけであったとしよう。この時、月給が三〇万円の手取りから二五万円に減少したとしても働く労働者数は変わらないので、五万円の賃金低下が発生するが、生産量は影響を受けない。社会保険料の保険料は、純粋に労働者だけが負担することになる。

一方、賃金が低下すると働きたいと思う労働者数が大きく減少するのであれば、賃金の手取額の減少は社会保険料の増加分より小さくなる。この場合は、雇われ続けた労働者にとっての社会保険料負担は小さく、事業主がその多くを実質的に負担することになる。また、労働者が手取り賃金に敏感に反応して労働供給量を変える場合には、社会保険料を課すことにより、人々の行動に大きな歪みを与えることになる。

同様に、賃金にかかわりなく一定数の労働者を雇用しなければならないという企業の場合には、事業主負担であれ労働者負担であれ、社会保険料が高くなった場合でも労働者に以前と同じ手取り賃金を保証しないと生産ができないので、高くなった社会保険料を全額企業が負担することになる。あるいは、賃金が少しでも高くなると労働者を使わずに機械を使って生産するという場合には、社会保険料が高まった部分を企業が負担することはなく、労働者がより多く負担することになる。

目立つ税にだけ反応する？

もし、伝統的経済学が正しければ、事業主負担の社会保険料に事業主が反対し、労働者が賛成する理由はまったくないことになる。そのような一義的な負担者と実質的な負担者が無関係であるからだ。その大前提には、労働者は社会保険料支払後の手取り賃金を考慮して、労働供給量を決定するというものがある。

しかし、社会保険料の事業主の負担によって賃金が低下した場合と、同じ額の労働者負担によって手取り賃金が低下した場合で、労働者の働く時間が異なってくるというのであれば、話は違ってくる。どちらが実質的な賃金低下だと労働者が認識するかで、誰が負担するかが決まるのである。

つまり、労働者の労働供給に関する意思決定が、手取り賃金ではなく、社会保険料を差し引く前の賃金をもとに行なわれているという一種の労働者の非合理性を想定すれば、経済学者以外の一般の人の社会保険料の負担に関する考え方が正当化できる。言い換えると、社会保険料の事業主負担が賃金低下という「目立つ」かたちで転嫁されると労働者は労働供給を大きく低下させるが、社会保険料の労働者負担という「目立たない」形で導入され、労働者が労働供給行動を変えないのであれば、実質的な負担が労働者自身になる。

日本について、社会保険料の最終的な負担を誰がしているかについて、実証研究が最近蓄積されてきた。東京大学の岩本康志教授と内閣府経済社会総合研究所の濱秋純哉氏は、社会保険料の事業主負担が賃金にどのような影響を与えるかを分析し、一部は賃金低下となって労働者が負担していることを実証的に明らかにしている。[3]また、国立社会保障・人口問題研究所の酒井正氏は、社会保険料の事業主負担が雇用にどのような影響を与えているかを、事業主に対するアンケート調査から明らかにし、事業主負担の上昇があれば、賞与を中心とする賃金の低下と非正規労働者への代替によって事業主が対応することを示している。[4]これらの結果が、労働者の錯覚によってもたらされているのかどうかはまだよくわかっていない。

日本における総額表示の実験

チェティ教授らが行なった税表示の変更という実験は、実は日本でも大規模に行なわれた。二〇〇四年四月に日本の価格表示方法は、それまでの税抜価格表示から消費税相当額を含んだ支払総額表示「総額表示」とすることが義務付けられたのだ。税抜価格九八〇〇円の商品であれば、「税抜九八〇〇円＋税」や「税抜九八〇〇円、税四九〇円」という価格表示が許されていたが、消費税相当額を含めた「一〇二九〇円」という価格を表示しなければならなくなったのである。

もし、チェティ教授らの結果が正しければ、日本の家計消費は、二〇〇四年四月以降低下したはずである。この点については、内閣府が二〇〇四年に「地域の経済二〇〇四」で内閣府「景気ウォッチャー調査」を用いて簡単な分析を行なっている。[5] その結果は、「消費税総額表示方式の導入は特にスーパーに大きな影響を与えたが、その影響は二〜三か月でほぼ収束した」と結論付けている。実際、月次の家計調査から対前年同月比の消費支出の変化率をプロットしてみても消費支出全体では影響は認められない（図Ⅲ－1）。食料品支出は、四月のみ下落しているが、すぐにもとの水準に戻っている。こうしてみると、人々は短期的には税額表示の方法に影響されて消費行動を変える可能性があるが、すべての製品の価格表示方法が同じであれば、その影響は限定的である可能性が高い。[6]

図Ⅲ－1　2004年家計消費の対前年同月比の推移

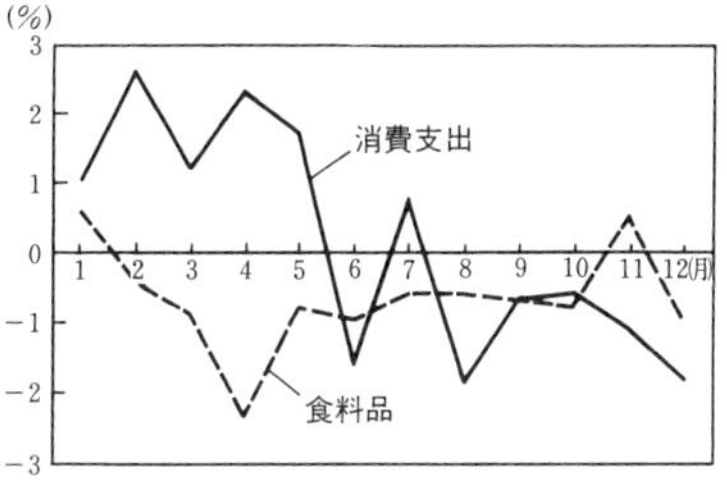

出所：総務省統計局『家計調査』

本当の負担に注目すべき

表面上、誰が税を払うかで行動が変わってくるのだとすれば、政府は目立たない税を選ぶことになるだろう。所得税や消費税は、目に見えやすい課税だ。所得税は、サラリーマンであれば源泉徴収票を見たときにわかるし、自営業であれば申告する際にわかる。消費税は、買い物をするたびにわかる。ところが、法人税や事業主負担の社会保険料は、源泉徴収票にも書かれていないし、商品の値札にも書かれていない。つまり、国民の多くには、目に見えない税金だ。そういう税金に、税源がシフトしていく可能性がある。ところが、単に「目立たない」税が、実質的には貧困者により多く負担される税になってしまうかもしれない。逆に、事業主負担の税金が正社員の賃金引き下げに転嫁できないのであれば、そのコストを非正社員や消費者が支払っているかもしれない。私たちは、「目立つ」負担にだけ注意するのではなく、本当の負担に注意して、税、公共料金や社会保障制度を考えていく必要がある。

1 Finkelstein (2009)
2 Chetty *et al.* (2009)
3 岩本康志・濱秋純哉（二〇〇九）
4 酒井正（二〇〇九）
5 内閣府政策統括室（二〇〇四）
6 正確には、四月以降の消費額が、所得や価格水準などの影響から予測されるものに比べてどの程度下がったのか、という実証分析が必要である。

エピローグ　経済学って役に立つの？

金融リテラシー

金融リテラシーという言葉がある。リテラシーというのは読み書き能力のことで、金融リテラシーというのは金融に関する知識や能力をもっていることを言う。「株の取引をするには必要かもしれないけれど、株には興味がないので、金融リテラシーなんて関係ない」というのが多くの日本人の印象ではないだろうか。それに、「お金のことに詳しい人は、人間的ではない」とか「お金よりも大事なことがある」など、金融というと日本ではあまりよくないイメージがあるように思われる。もっとも、これは経済学者のひがみかもしれない。

私自身の記憶では、小学校や中学校であまり金融のことを詳しく教えてもらったことがないように思う。一番の理由は、複利と単利の違いをきちんと勉強し、複利計算の数学的な意味を正確に習うのは高校生になってから、というカリキュラムの反映だろう。

しかし、むしろ教育現場では、「お金のことを考えるのは、はしたない」という意識が強いのではないだろうか。教育の目標はお金を稼げるようになることではなくて、豊かな情操をもった人間を育てることだ、という意識が学校では強いのだろう。

教育の経済学という経済学の分野がある。経済学の手法を用いて、高等教育を受けた時の所得上昇効果を分析したり、少人数学級の教育効果を分析したりする分野である。ところが、教育の専門家のなかには、経済学の視点で教育をとらえることに拒否反応を示す人が多い。それは、教育の分野では、「より所得を稼げるようになること」ではなく、「豊かな人生を送ることができるようになること」を目的にしていて、豊かさとはお金以外の価値にあるということを教えようとしているからだろう。だから、お金で教育の価値を測るような経済学のアプローチは許しがたいのではないかと思う。

もっともな感情だと思うが、誤解もある。経済学者は、お金にしか価値を見出さないわけではない。もちろん、お金がなくても幸福な人生を送ることは可能だ。しかし、最低限のお金がないと、幸福な人生を送ることが難しくなるのも事実だ。実際、さまざまな幸福感に関する統計をみても、ある程度の年収までは、所得が高くなるほど平均的な幸福感も高くなっている。

それに、同じ所得であっても、金融知識があればもっと豊かになることができたかもしれないのに、みすみす貧しい生活をしなければならないとすれば、金融知識がないよりはあったほうがいいのではないだろうか。金融知識をもつと、人間的な面がなくなって、結局不幸になる、という議論もあるかもしれない。人間的な側面と金融・経済的な意思決定の間には、なにか本質的な違いがあるのかもしれない。この点は、あとでもう一度議論してみたい。

日本人の金融知識

日本銀行情報サービス局に事務局をもつ「金融広報中央委員会」が、全国の二十歳以上の男女四〇〇〇人に金融リテラシーについてアンケート調査をしている。[1] この結果を紹介してみよう。

まず、「金融・経済の仕組みについて」どの程度の知識があるか、を尋ねた質問に対して、五〇・二パーセントの人が、「ほとんど知識がないと思う」と答えている。さらに、「株式・債券などの証券投資について」は、七〇・六パーセントの人が「ほとんど知識がないと思う」と答えている。「預貯金について」は、「ほとんど知識がないと思う」と答えた人は二四・四パーセントにすぎない。日本人にとって、いかに株式や債券がなじみのないものかがよくわかる。

預貯金についての知識もあやしい。「複利」という言葉をどの程度知っているかを聞いてみると、「聞いたことはあるが、内容は知らない」と「聞いたことがない」という人の割合は四五・二パーセントと、半数近くにまで上るのだ。

最近の企業年金で重要な役割を担うようになってきた「確定拠出型年金（日本版401K）」になると、もっとリテラシーのレベルは落ちてくる。この言葉を「よく知っている」あるいは「ある程度は知っている」と答えた人の比率は、一六・一パーセントにすぎないのだ。これでは、確定拠出型年金が普及しないことも理解できるし、普及しても正しく認識されないで誤った運用がなされる可能性も高い。

このアンケートでは、もう少し具体的な金融知識もテストされている。興味深いので、もう少し紹介しよう。

質問1　同じ年齢のAさんとBさんがいます。Aさんは25歳のとき、毎年20万円ずつ貯蓄をしはじめましたが、Bさんはしていません。50歳になったとき、Bさんは退職後の生活に備えてお金が必要だと気付き、毎年40万円ずつ貯蓄をしはじめましたが、Aさんの貯蓄は相変わらず毎年20万円のままです。さて、2人が75歳になった時、どちらが多くのお金を持っているでしょうか。あてはまると思われる番号に○をつけてください。

1　2人とも同額を積み立てたので、同額を保有している。
2　Aさん。長期にわたって貯蓄していて運用されているから。
3　Bさん。1年間の貯蓄額がAさんより多いから。
4　よくわからない。

金利のことを考えると、正解は2である。実際に、2と回答した人の比率は、七一・三パーセントでしかない。同額と回答した人は、八・七パーセント、一年間の貯蓄が多いからBさんのほうが多いと答えた人は二・九パーセント、よくわからないと答えた人は一六・七パーセントもいる。

これくらいなら簡単だと思った人は、つぎの質問はどうだろうか。

質問2　国債の金利と価格の関係を正しく説明しているのは、つぎのうちどれか？

1　国債の価格が上がると、金利が上がる。
2　国債の価格が上がると、金利が下がる。

3　国債の価格と金利との間には、何の関係もない。
4　よくわからない。

答えは、2の「国債の価格が上がると、金利が下がる」である。この問題に正答できた人は、一六・〇パーセントにすぎない。ただし、大学・短大で経済学を専攻した人に限ると正答率はもっと高く、三六・六パーセントである。もっとも経済学を学んでもこの程度の正答率というのは、経済学の教育に問題があるのかもしれない。

では、つぎの質問も考えてみてほしい。

質問3　100万円を年5パーセントの金利で1年間借りました。その後、毎年同じ条件で借り換えて、元本と金利を5年後に一括して返済しました。5年後の返済額に関する以下の説明のうち正しいものはどれでしょうか？（〇は1つ）

1　単利計算であるため、5年後の返済額は、およそ125万円である。
2　単利計算であるため、5年後の返済額は、およそ128万円である。
3　複利計算であるため、5年後の返済額は、およそ125万円である。

4　複利計算であるため、5年後の返済額は、およそ128万円である。
5　よくわからない。

正解は、4である。この計算が正しくできないと、サラ金に引っかかってしまうことになる。では、日本人の正答率はどの程度だろうか。正答したのは二二・二パーセントと、五人のうち一人にすぎない。最も多いのは、「よくわからない」と答えた人で、四六・三パーセントである。最もサラ金に引っかかりやすいのは、1と答えた人であり、一八・五パーセントもいる。大学・短大で経済学を専攻した人は、三八・四パーセントの人が正しく答えている一方で、1の答えを選んだ人も二〇・五パーセントもいる。経済学教育の効果があることは間違いないが、経済学者としては大学における経済学教育の中身について、疑問をもたざるを得ないのも事実だ。

どうして経済を勉強する必要があるのか

では、どうして経済学や金融を特別に学ぶ必要があるのだろうか。今までに示したように、私たち日本人の経済や金融に関する知識は乏しい。それで「困ることはない」、と思っている人も多いが、先ほどの具体例は、最低限の金融知識や計算能力がないと、人生で大きな損

図E－1

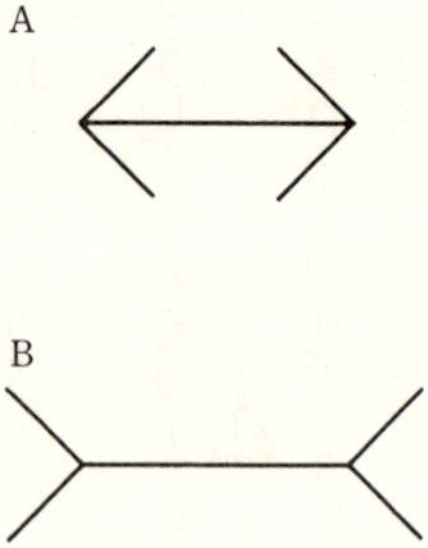

図E－2

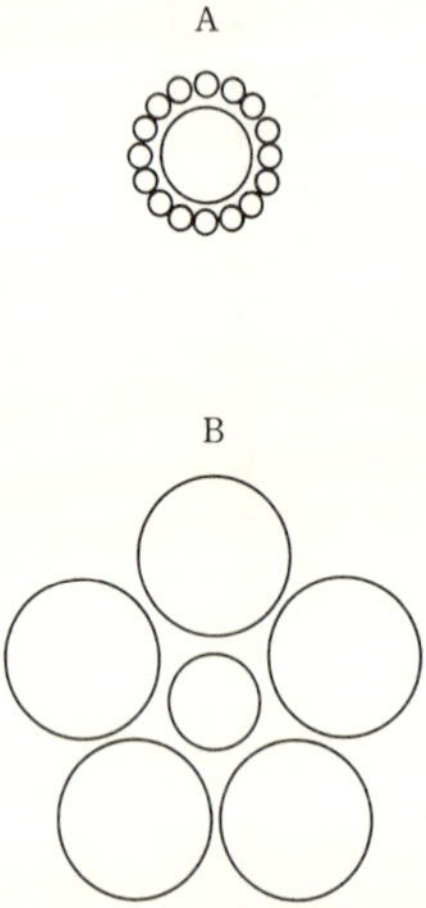

をしてしまう可能性が高いことを教えてくれる。

人間はきちんと学習しないと合理的な経済的意思決定ができない可能性が高い。また、人間は特定の歪みをもって物事を認識・判断することがある。よく知られているものに、錯視《さくし》という現象がある。図E－1は、二つの線の両端に、矢印をつけたものである。AとBのどちらの線が長いだろうか。誰でもBと答えるのではないだろうか。実際には同じ長さである。図E－2では、中心の円の大きさがAとBでどちらが大きいか考えてみてほしい。Aの中心の円のほうが、Bの中心の円よりも大きく見えるだろう。こうした錯視は、さまざまなものが知られている。これは、私たちの脳が見えたものを認識する際に、必ず間違って認識するためである。

このような認識のバイアスは、経済的な意思決定の場合にも頻繁に登場する。有名な例は、保有バイアスと呼ばれるものだ。これについては、つぎのような実験が有名である。大学の授業を受けにきた学生の半数には、机の上に新品のマグカップが置かれている。教員は、机の上のマグカップはあなたへのプレゼントだと言う。その上で、マグカップをもらった人に、「そのマグカップをいくらなら売るか」、と聞く。一方、マグカップをもらっていない学生には、「あのマグカップをいくらなら買うか」、と聞く。通常、両者が言う値段には、倍以上の差が出てくる。もちろん、マグカップをもっている人は、高い値段でないと売らないし、もっていない人は安い値段でないと買わない。これは一瞬でもマグカップを保有してしまうと、市場価格よりも高い価値を、私たちがそれに与えてしまうからだ。

株の価格が購入価格よりも下がり続けている場合、ひょっとしたらもとに戻るかもしれない、と思ってなかなか売ることができない、というのも同じだ。住宅でもそうだ。ひょっとすると、転職行動や新しい技術に対する態度もそうかもしれない。合理的に考えると今までと同じ方法だと損をすることがわかっていても、いろいろな理屈を考えて同じ職場にいることを選んだり、古い技術を使い続けるというのは、よくみられることだろう。

金融知識を身につけたり、経済学的な考え方を学ぶことは、このような人間の本能的な思考方法を見直して、よりよい選択を可能にする上で有益なのだ。わざわざ経済や金融の知識を学ばなくても豊かな生活ができるというのは、一つの考えではあるだろう。しかし、錯視のような場合には、私たちは物差しできちんと測って物事を決断しないと、大きな間違いをしてしまう。同じように、経済的な意思決定の際には、経済学的な思考方法という正しい物差しを用いないと、取り返しのつかない間違いを犯してしまうかもしれない。経済学は、物差しの役割をしてくれるのである。

1 「金融に関する消費者アンケート調査（第2回）」（二〇〇五年）回収率六九・一パーセント。詳しくは http://www.saveinfo.or.jp/

競争とルール　あとがきにかえて

この本が出版されるのは、バンクーバー・オリンピックの開催から約一か月後になる。校正作業の合い間にバンクーバー・オリンピックを見ていて、スポーツにおける競争の面白さと、競争を面白くするためのルール作りの両方を楽しんだ。

スポーツは、一般に強いもの、速いものが勝つものだと思われている。たしかに、短距離走や競泳競技はそうかもしれない。しかし、競泳でさえ水着の規格や泳法で議論があったように、ルールによって勝者が異なってくる。特に冬のオリンピックでは、スキーやスケートのように用具によって大きく結果が異なるので、ルールのあり方そのものの重要性が夏のオリンピックよりも高いものが多い。日本のジャンプやノルディック複合がメダルをとった後、日本に不利と思われるようなルールの変更があったことを覚えている人も多いだろう。審判の採点に結果が大きく左右されるフィギュアスケートやモーグルといった種目では、どのような採点ルールになるかが特に重要である。

ルールのあり方について、二つの点で経済学者として興味をもった。第一は、ルールを前提とした選手の対応だ。ルールを最大限に利用して、得点を最大化しようとする選手もいれば、自分の得意な技を最大限に利用する選手もいることだ。フィギュアスケートでいえば、男子シングルのライサチェク選手と女子シングルのキム・ヨナ選手は前者であり、四回転ジャンプにこだわったプルシェンコ選手と高橋大輔選手、トリプルアクセルを二度飛んだ浅田真央選手は後者だった。結果的には、前者の戦略をとった二人が金メダルをとった。

同じ競技種目でありながら、採点基準に対応してバランスよく得点する戦略を立てたり、あくまでも自分の得意をうまく活かしてより上位を目指したりすることができる。ルールの設定や変更、そして採点基準のあいまいさに不公平感があるというのは事実かもしれない。しかし、それでもこうした競技が人気を集めるのは、単にテレビ受けしやすいというだけではなく、多様な戦略を選手に許し、選手の創意工夫を生み出す余地を残していることが背景にあるのではないだろうか。ライバルに勝つためにあえて異なる戦略をとって勝負することが現実世界での競争のあり方に近いからこそ、多くの人が引き込まれるのだろう。

では、ルールの設定や変更による有利不利をどう考えるべきだろうか。これが第二の点である。日本がかつてオリンピックで大活躍した後、ジャンプやノルディック複合のルールが変更され、日本選手は低迷を余儀なくされた。この背景には、一人勝ちを抑制する仕組みを常に作るべきだという競技団体の考え方がある。スポーツを観戦する人たちの多くは特定の選手が勝つことだけではなく選手たちが真剣に競争する姿を楽しんでいることを、競技のルールを設定するそれぞれの競技団体は熟知している。突出した選手が常に勝つようになるとその突出した選手のやる気はどうしても落ちるだろうし、どう頑張ってもその選手に勝てないと知っている他の選手のやる気もなくなる。選手同士が全力を尽くし、競争する姿にスポーツファンは感動するのである。それをよく知っている競技団体は、一人勝ちをもたらさないよう、絶妙のバランスをとったルールや採点基準を考えていくのである。そうすることで、選手も最善の努力をし、観客はぎりぎりの競争の世界を楽しむことができる。

実は、スポーツの上での競争やルールのあり方は、現実の社会と共通することが多い。選手を企業に、観客を消費者に、ルールを設定する競技団体を政府に置き換えてみれば、スポーツと現実の社会がかなり対応していることに同意していただけるのではないだろうか。特定の企業が優れた製品を作り、その製品の市場を独占した場合に、優れた製品を利用できる消費者にとって独占は何も悪いことはないように思われる。しかし、いったん市場を独占した企業が、その独占的状況を利用して価格を引き上げたり、製品の性能向上努力を怠ったりすれば、消費者は結果的に損をしてしまうだろう。そのような独占による競争の欠如がもたらす損失を防ぐ努力が、ルールを設定する側には求められる。つまり、市場が常に競争的な状況に保たれるようさまざまなルールを作っていく必要が政府にはあり、また私たち消費者は、競争的な市場を形成するために政府が努力するよう監視する必要がある。

スポーツと同様、現実の社会でも強い人を不利にするようなルールの改正を不公平と感じることもあれば、逆に弱い人たちを有利にするような改正を公平だと感じることもあるだろう。しかし、何を目的にルールを設定しているのかを人々が理解していれば、ルール改正に伴う人々の不公平感は減り、その改正を納得する人たちが増えるのではないだろうか。

日本では、市場競争に対する否定的な考え方が二〇〇八年の経済危機以降、急速に広まった。スポーツの世界と同様、一人勝ちが発生してしまうと市場メカニズムはうまく機能しないことが多い。その際大事なことは、市場競争そのものが問題だと結論し、競争を否定するようなルールを設定するのではなく、市場競争がうまく機能するようにルールを設定していくべきことではないだろうか。

オリンピックから競争がなくなって、金メダルが廃止され、単に参加賞しか出なくなったとすれば、オリンピックを楽しむ人は激減するだろう。各スポーツの競技団体が絶妙のルールを設定するように、市場競争を守っていくために私たちは絶妙なルールを作っていく必要がある。バンクーバー・オリンピックを見ながら、競争と公平感の関係をあらためて感じた。

本書が、読者の皆さんに競争との付き合い方について経済学の視点から考えていただくきっかけになればありがたい。

『経済学的思考のセンス』を刊行してから、あっという間に五年が経過した。「今年こそは第二弾を」と毎年、編集者の吉田大作さんに申し上げてきたが、ようやく約束（?）が果たせる。挿絵は『経済学的思考のセンス』と同様、イラストレーターの大塚砂織さんに描いていただいた。まるでマジックのように私のイメージ以上のものができあがった。すべての原稿について最初の読者として、丁寧に内容をチェックしてくださったのは、研究室秘書の村島吉世子さんだ。執筆期間中は、夜遅くまで研究室にいて、何日も子どもの顔を見ない日が続いた。長時間労働をしてしまうのは、計画が守れない性格だからだ、と本書には書いたが、そのとおりの生活をしている。家族にはずいぶん迷惑をかけたと思う。

本書のもとになった研究には、大阪大学グローバルCOEプログラム「人間行動と社会経済のダイナミクス」、文部科学省科学研究費（基盤研究B〔18330049〕、戦略的萌芽研究〔20653014〕）、文部科学省脳科学研究戦略推進プログラムから資金援助を得た。

以上の方々にお礼を述べてあとがきにかえたい。

二〇一〇年二月

大竹文雄

参考文献

有賀健（二〇〇七）「新規高卒者の労働市場」林文夫編『経済停滞の原因と制度』勁草書房、二二七－二六三頁
池田新介・大竹文雄・筒井義郎（二〇〇五）「時間割引率――経済実験とアンケートによる分析」ISER Discussion Paper.
一ノ口晴人（二〇〇九）「改革を葬られた日本漁業が溺死する」『フォーサイト』二〇〇九年一月号、三八－三九頁
岩本康志・濱秋純哉（二〇〇九）「社会保険料の帰着分析」国立社会保障・人口問題研究所編『社会保障財源の効果分析』東京大学出版会、三七－六一頁
大竹文雄・奥平寛子（二〇〇九）「長時間労働の経済分析」鶴光太郎・樋口美雄・水町勇一郎編著『労働市場制度改革』日本評論社、一七九－一九五頁
大竹文雄・竹中慎二（二〇〇七）「所得格差に対する態度：日米比較」『現代経済学の潮流二〇〇七』東洋経済新報社、六七－九九頁（図Ⅱ-3～5の出所）
小野善康（二〇〇七）『不況のメカニズム――ケインズ「一般理論」から新たな「不況動学」へ』中公新書

梶原由紀子・安原仁美・山本茉里奈・上野奈初美・白石龍生（二〇〇九）「女子大生のやせ願望に関する研究」『大阪教育大学紀要』第Ⅲ部門、第五八巻第一号、九五－一〇四頁
川口章（二〇〇八）『ジェンダー経済格差』頸草書房
菊池透、内山聖（二〇〇六）「体内環境と肥満の関係――小児科医は検約表現型説をどのように考えるべきか」『小児内科』三八、一六二〇－一六二四頁
「金融に関する消費者アンケート調査（第2回）」（二〇〇五年）回収率六九・一パーセント、詳しくは http://www.saveinfo.or.jp/, http://www.shiruporuto.jp/finance/chosa/enqu2003/index.html
「月例経済報告等に関する関係閣僚会議配付資料」http://www5.cao.go.jp/keizai3/getsurei-s/shiryou-index.html
厚生労働省「相対的貧困率の年次推移」http://www.mhlw.go.jp/houdou/2009/10/h1020-3.html
小原美紀・大竹文雄（二〇一〇）「親の失業が新生児の健康状態に与える影響」『日本労働研究雑誌』五九五、一五－二六頁
財団法人明るい選挙推進協会 http://www.akaruisenkyo.or.jp/
財団法人国立社会保障・人口問題研究所 http://www.ipss.go.jp/
酒井正（二〇〇九）「社会保険料の事業主負担と賃金・雇用の調整」国立社会保障・人口問題研究所編『社会保障財源の効果分析』東京大学出版会、六三－九一頁
ジョン・マニング（二〇〇八）『二本指の法則――あなたの健康状態からセックスまでを語る秘密の数字』早川文庫
ジョン・メイナード・ケインズ（一九九五）『雇用・利子および貨幣の一般理論』東洋経済新報社
菅野和夫（二〇〇二）『新・雇用社会の法』有斐閣

竹内久美子（二〇〇四）『遺伝子が解く！　男の指のひみつ』文春文庫
筒井義郎・晝間文彦・大竹文雄・池田新介（二〇〇七）「上限金利規制の是非——行動経済学的アプローチ」『現代ファイナンス』二二、日本ファイナンス学会、二五－七三頁
ドン・タプスコット／アンソニー・D・ウィリアムズ（二〇〇七）『ウィキノミクス——マスコラボレーションによる開発・生産の世紀へ』日経BP社
内閣府政策統括室（二〇〇四）「地域の経済二〇〇四——地域経済とグローバル化」平成十六年十一月（http://www5.cao.go.jp/j-j/cr/cr04/chr04　2-1-4-502.html）
日本学術会議（二〇〇八）「提言——出生前・子どものときからの生活習慣病対策」日本学術会議、臨床医学委員会、健康・生活科学委員会合同生活習慣病対策分科会（http://www.scj.go.jp/ja/info/kohyo/pdf/kohyo-20-t62-4.pdf）
鳩山由紀夫（二〇〇九）「祖父・一郎に学んだ『友愛』という戦いの旗印」『Ｖｏｉｃｅ』二〇〇九年九月号（http://voiceplus-php.jp/archive/detail.jsp?id=197）
林文夫（二〇〇三）「構造改革なくして成長なし」岩田規久男・宮川努編著『失われた一〇年の真因は何か』東洋経済新報社
藤本隆宏（二〇〇九）「日本型『ものづくり立国』は滅びず」『文藝春秋』八七（三）、一八八－一九九頁
古川利温・吉澤貴子・福田晴美・川本由美（二〇〇三）「若い女性のやせ願望と生活の夜型化」『東京家政学院大学紀要』四三、一五－二一頁
水谷徳子・奥平寛子・木成勇介・大竹文雄（二〇〇九）「自信過剰が男性を競争させる」『行動経済学』二（一）、http://econon.cun.jp/abef/top_ja.php?volume=vol.2

柳川範之他（二〇〇九）「独禁法と競争政策の進化と設計――法と経済学のインターフェース〔パネルディスカッション〕」池田・市村・伊藤編『現代経済学の潮流二〇〇九』東洋経済新報社

勇上和史（二〇〇五）「都道府県データを用いた地域労働市場の分析―失業・無業の地域間格差に関する考察」『日本労働研究雑誌』五三九、五―一六頁

Algan, Yann and Pierre Cahuc (2006) "Job Protection: The Macho Hypothesis," *Oxford Review of Economic Policy*. 22(3), pp.390–410.

Algan, Yann and Pierre Cahuc (2007a) "The Roots of Low European Employment: Family Culture?" *NBER International Seminar on Macroeconomics 2005*. Frankel, Jeffrey A., Pissarides, Christopher A., eds., MIT Press, pp.65–109.

Algan, Yann and Pierre Cahuc (2007b) "Social Attitudes and Economic Development: An Epidemiological Approach," CEPR Discussion Papers, 6403.

Algan, Yann and Pierre Cahuc (2009) "Civic Virtue and Labor Market Institutions," *American Economic Journal: Macroeconomics*. 1(1), pp.111–145.

Anazawa, Sonoko, Yoshihito Atsumi and Kempei Matsuoka (2003) "Low birth weight and development of type 2 diabetes in a Japanese populations," *Diabetes Care*, 26(7), pp.2210–2211.

Autor, David H., Lawrence F. Katz and Melissa S. Kearney (2006) "The Polarization of the U.S. Labor Market," *American Economic Review*, 96(2), pp.189–194.

Barker, D. J. P. (1998) "In Utero Programing of Chronic Disease," *Clinical Science* 95, pp.115–128.

Barro, Robert J. and Rachel M. McCleary (2003) “Religion and Economic Growth across Countries,” *American Sociological Review*, 68(5), pp.760–781.

Bauer, Michal and Julie Chytilova (2007) “Does Education Matter in Patience Formation? Evidence from Ugandan Villages,” IES Working Paper, Charles University. http://ssrn.com/abstract=981330.

Bebcock, Linda and Sara Lanshever (2003), *Women Don’t Ask: Negotiation and the Gender Divide*, Princeton University Press.

Black, Sandra E., Paul J. Devereux, and Kjells G. Salvanes (2007) “From the cradle to the labor market? The effect of birth weight on adult outcomes,” *Quarterly Journal of Economics*. 122(1), pp.409–439.

Booth, Alison and Patrick Nolen (2009) “Gender Differences In Competition: The Role Of Single-Sex Education,” London: CEPR Discussion Papers, 7214.

Borjas, George J. (2003) “The Labor Demand Curve is Downward Sloping: Reexamining the Impact of Immigration on the Labor Market,” *Quarterly Journal of Economics*, 118(4), pp.1335–1374.

Borjas, George J., Jeffrey Grogger, and Gordon H. Hanson (2008) “Imperfect Substitution Between Immigrants and NATIVES: A Reappraisal,” http://www.hks.harvard.edu/fs/gborjas/Papers/BGH2008.pdf

Brown, Charles, Curtis Gilroy and Andrew Kohen (1982) “The Effect of the Minimum Wage on Employment and Unemployment,” *Journal of Economic Literature*, American Economic Association, 20(2), pp.487–528.

Buser, Thomas (2009) “The Impact of Female Sex Hormones on Competitiveness,” Tinbergen Institute Discussion Paper TI2009-082/3 (http://ideas.repec.org/p/dgr/uvatin/20090082.html)

Camere, Colin, Linda Babcock, George Loewenstein and Richard Thaler (1997) “Labor Supply of New York

City Cabdrivers： One Day at a Time," *Quarterly Journal of Economics*, 112(2), pp.407–441.

Card, David (1992) "Using Regional Variation in Wages to Measure the Effects of the Federal Minimum Wage," *Industrial and Labor Relations Review*, 46(1), pp.22–37.

Card, David and Alan B. Krueger (1994) "Minimum Wage and Employment： A Case Study of the Fast–Food Industry in New Jersey and Pennsylvania," *American Economic Review*, 84(4), pp.772–793.

Cesarini, David, Christpher T. Dawes, Magnus Johannesson, Paul Lichtenstein and Björn Wallace (2009) "Genetic Variation in Preferences for Giving and Risk Taking," *The Quarterly Journal of Economics*, 124(2), pp.809–842.

Charles, Kerwin Kofi and Erik Hurst (2003) "The Correlation of Wealth across Generations," *Journal of Political Economy*, 111(6), pp.1155–1182.

Chetty, Raj, Adam Looney and Kory Kroft (2009) "Salience and Taxation： Theory and Evidence," *American Economic Review*, 99(4), pp.1145–1177.

Coates, M. John, Mark Gurnell and Aldo Rustichini (2009) "Second-to-fourth digit ratio predicts success among high-frequency financial traders." *Proc. Natl. Acad. Sci. USA*, 106(2), pp.623–628.

Currie, Jannet (2009) "Healthy, Wealthy, and Wise? Socioeconomic Status, Poor Health in Childhood, and Human Capital Development," *Journal of Economic Literature*, 47(1), pp.87–122.

Doepke, Matthias and Fabrizio Ziliboth (2008) "Occupational Choice and the spirit of Capitalism," *The Quarterly Journal of Economics*, 123(2), pp.747–793.

Di Tella, Rafael and MacCulloch, Robert (2007) "Why Doesn't Capitalism flow to Poor Countries?" NBER

Working Papers, No.W13164.

Farber, Henry S. (2005) "Is Tomorrow Another Day? The Labor Supply of New York Cab Driver," *Journal of Political Economy*, 113(1), pp.46–82.

Fehr, Ernst, Helen Bernhard and Bettina Rockenbach (2008) "Egalitarianism in young children," *Nature*, 454 (28), pp.1079–1084.

Fernandez, Raquel (2008) "Culture and Economics," Steven N. D. and L. E. Blume(eds.), *The New Palgrave Dictionary of Economics*.

Fernandez, Raquel and Alessandra Fogli (2006) "Fertility: The Role of Culture and Family Experience," *Journal of the European Economic Association*, 4(2–3), pp.552–561.

Finkelstein, A. M. Y. (2009) "E-ZTAX: Tax Salience and Tax Rates," *Quarterly Journal of Economics*, 124(3), pp. 969–1010.

Francois, P. and T. van Ypersele (2009) "Doux Commerces: Does Market Competition Cause Trust?" CEPR Discussion Papers, 7368.

Giuliano, Paola and Antonio Spilimbergo (2009) "Growing Up in a Recession: Beliefs and the Macroeconomy," IZA, Discussion Paper, No.4365.

Gneezy, Uri, Muriel Nierderle, and Aldo Rustichini (2003) "Performance in Competitive Environments: Gender Differences," *Quarterly Journal of Economics*, 118(3), pp.1049–1074.

Gneezy, Uri, and A. Rustichini (2004) "Gender and competition at a young age," *American Economic Review Papers and Proceedings*, 94(2), pp.377–381.

Gneezy, Uri, Kenneth L. Leonard, John A. List (2009) "Gender Differences in Competition: Evidence from a Matrilineal and a Patriarchal Society," *Econometrica*, 77(5), pp.1637-1664.

Grinols, Earl L. and David B. Mustard (2006) "Casinos, Crime, and Community Costs," *Review of Economics and Statistics*, 88(1), pp.28-45.

Hall, Emma, Carol Propper and John Van Reenen (2008) "Can Pay Regulation Kill? Panel Data Evidence on the Effect of Labor Markets on Hospital Performance," CEP DP, 0843.

Hamermesh, Daniel S. and Joel Slemrod (2005) "The Economics of Workaholism: We Should not Have Worked on This Paper," NBER Working Papers, No.11566.

Hayashi, Fumio and Edward C. Prescott (2002) "The 1990s in Japan: A Lost Decade," *Review of Economic Dynamics*, 5(1), pp.206-235.

Heckman, James J. and Yona Rubinstein (2001) "The Importance of Noncognitive Skills: Lessons from the GED Testing Program," *The American Economic Review*, 91(2), pp.145-149.

Heckman, James J. (2006) "Skill Formation and the Economics of Investing in Disadvantaged Children," *Science* 312(5782), pp.1900-1902.

Heckman, James J., Jora Stixrud and Sergio Urzua (2006) "The Effects of Cognitive and Noncognitive Abilities on Labor Market Outcomes and Social Behavior," *Journal of Labor Economics*, 24(3), pp.411-482.

Hirata, K., H. Iiboshi, K. Hayakawa, S. Ikeda, Y. Tsutsui and F. Ohtake (2010) "Genetic Inheritance of Time-discounting Behavior: A Bayesian Approach Using Markov Chain Monte Carlo Method," mimeo.

Horioka, Yuji Charles, Akiko Kamesaka, Kohei Kubota, Masao Ogaki and Fumio Ohtake (2009) "Though Love and Discounting: Empirical Evidence"〔行動経済学会第三回大会報告論文〕

Houseman, J. A. (1979) "Individual discount rates and the purchase and utilization of energy-using durables," *The Bell Journal of Economics*, 10(1), pp.33–54.

Ikeda, Shinsuke, Kang Myong-Il and Fumio Ohtake (2010) "Hyperbolic Discounting, the Sign Effect, and the Body Mass Index," forthcoming in *Journal of Health Economics*.

Kable, Joseph W. and Paul W. Glimcher (2007) "The neural correlates of subjective value during intertemporal choice," *Nature Neuroscience*, 10(12), pp.1625–1633.

Kawaguchi, Daiji and Ken Yamada (2007) "The Impact of the Minimum Wage on Female Employment in Japan," *Contemporary Economic Policy*, 25(1), pp.107–118.

Knowles, John and Andrew Postlewaite (2005) "Wealth Inequality and Parental Transmission of Savings Behavior," mimeo.

Knudsen, Eric I., James. J. Heckman, Judy L. Cameron and Jack P. Shonkoff (2006) "Economic, Neurobiological, and Behavioral Perspectives on Building America's Future Workforce," *Proceedings of the National Academy of Sciences*, 103(27), pp.10155–10162.

Kuhn, Peter and Catherine Weinberger (2005) "Leadership Skills and Wages," *Journal of Labor Economics*, 23(3), pp.395–436

Lawrence, Emily C. (1991) "Poverty and the rate of time preference: Evidence from Panel Data," *Journal of Political Economy*, 99(1), pp.54–77.

Lemieux, T. Thomas (2006) "Postsecondary Education and Increasing Wage Inequality," *American Economic*

Review, 96(2), pp.195–199

Manning, John T. (2002), *Digit Ratio : A Pointer to Fertility, Behavior, and Health*, Rutgers University Press, New Brunswick, New Jersey.

McClure, Samuel. M., Laibson, David I. George Loewenstein and Jonathan D. Cohen (2004) "Separate neural systems value immediate and delayed monetary rewards," *Science* 306, pp.503–507.

Mischel, Walter and Yuichi Shoda (1988) "The Nature of Adolescent Competencies Predicted by Preschool Delay of Gratification," *Journal of Personality and Social Psychology*, 54(4), pp.687–696.

Miura, Katsuyuki, Hideaki Nakagawa, Masaji Tabata *et al*. (2001) "Birth weight, Childhood growth, and cardiovascular disease risk factors in Japanese aged 20 years," *Am. J. Epidemiol*., 153(8), pp.783–789.

Moriguchi, Chiaki and Emmanuel Saez (2007) "The Evolution of Income Concentration in Japan, 1886–2005 : Evidence from Income Tax Statistics," *Review of Economics and Statistics*, 90(4), pp.713–734.

Neumark, David and William Wascher (2006) "Minimum Wages and Employment : A Review of Evidence from the New Minimum Wage Research," NBER Working Papers, No.12663.

Niederle, Muriel and Lise Vesterlund (2007) "Do Women Shy Away From Competition? Do Men Compete Too Much?" *Quarterly Journal of Economics*, 122(3), pp.1067–1101.

Ottaviano, Gianmarco I. P. and Giovanni Peri (2006) "Rethinking the Effects of Immigration on Wages," NBER Working Papers, No.12497.

Ottaviano, Gianmarco I. P. and Giovanni Peri (2008) "Immigration and National Wages : Clarifying Theory and the Empirics," NBER Working Papers, No.14188. (http://www.econ.ucdavis.edu/faculty/gperi/)

Paserman, Daniel (2009) "Gender Differences in Performance in Competitive Environments: Evidence from Professional Tennis Players." (http://people.bu.edu/paserman/Papers.htm)

Piketty, Thomas and Emmanuel Saez (2006) "The Evolution of Top Incomes: A Historical and International Perspective," *American Economic Review*, 96(2), pp.200–205.

Propper, Carol and John Van Reenen (2008) "Can pay regulation kill? Evidence from English hospital trusts," Vox Blog, 30 January 2008. (http://www.voxeu.org/index.php?q=node/899)

Sanfey, Alan G., James K. Rilling, Jessica. A. Aronson, Leigh E. Nystrom and Jonathan D. Cohen (2003) "The Neural Basis of Economic Decision-Making in the Ultimatum Game," *Science*, 300(5626), pp.1755–1757.

Sapienza, Paola, Luigi Zingales, and Dario Maestripieri (2009) "Gender Differences in Financial Risk Aversion and Career Choices are Affected by Testosterone," *Proceedings of the National Academy of Sciences*, 106(36), pp. 15268–15273.

Stulz, Rene M. and Rohan Williamson (2003) "Culture, Openness, and Finance," *Journal of Financial Economics* 70, pp.313–349.

Suzuki, T., T. Kikuchi, K. Nakasaki *et al*. (2000) "Relationship between birth weight and cardiovascular risk factors in Japanese young adults," *Am. J. Hypertens*. 13(8), pp.907–913.

Tabellini, Guido (2008) "Presidential Address Institutions and Culture," *Journal of the European Economics Association*, 6(2–3), pp.255–294.

Tanaka, Y., T. Kikuchi, K. Nagasaki, M. Hiura, Y. Ogawa, M. Uchiyama (2005) "Lower birth weight and visceral fat accumulation are related to hyperinsulinemia and insulin resistance in obese Japanese children,"

Hyperten Res, 28 (6), pp.529-536.
Wallace, Björn, David Cesarini, Paul Lichitenstein, and Magnus Johannesson, (2007) "Heritability of Ultimatum Game Responder Behavior," *Proceedings of the National Academy of Sciences*, 104 (40), pp.15631-15634.
Zingales, Luigi (2009) "Capitalism After the Crisis," *National Affairs*, 1, pp.22-35.

帯・扉・本文イラスト　大塚砂織

大竹文雄（おおたけ・ふみお）

1961年（昭和36年），京都府宇治市生まれ．83年京都大学経済学部卒業．85年，大阪大学大学院経済学研究科博士前期課程修了，大阪大学経済学部助手，大阪府立大学講師を経て，現在，大阪大学社会経済研究所教授．大阪大学博士（経済学）．労働経済学専攻．

著書『労働経済学入門』（日経文庫，1998年）
『スタディガイド「入門マクロ経済学」』（日本評論社，2001年）
『雇用問題を考える――格差拡大と日本的雇用制度』（大阪大学出版会，2001年）
『応用経済学への誘い』（編著，日本評論社，2005年）
『日本の不平等――格差社会の幻想と未来』（日本経済新聞社，2005年，サントリー学芸賞，日経・経済図書文化賞，エコノミスト賞受賞）
『経済学的思考のセンス』（中公新書，2005年）
『こんなに使える経済学』（編著，ちくま新書，2008年）
『格差と希望』（筑摩書房，2008年）

競争《きょうそう》と公平感《こうへいかん》
中公新書 2045

2010年3月25日初版
2011年2月10日8版

著　者　大竹文雄
発行者　浅海　保

本文印刷　三晃印刷
カバー印刷　大熊整美堂
製　　本　小泉製本

発行所　中央公論新社
〒104-8320
東京都中央区京橋 2-8-7
電話　販売 03-3563-1431
　　　編集 03-3563-3668
URL http://www.chuko.co.jp/

Published by CHUOKORON-SHINSHA, INC.
Printed in Japan　ISBN978-4-12-102045-1 C1233

中公新書刊行のことば

いまからちょうど五世紀まえ、グーテンベルクが近代印刷術を発明したとき、書物の大量生産は潜在的可能性を獲得し、いまからちょうど一世紀まえ、世界のおもな文明国で義務教育制度が採用されたとき、書物の大量需要の潜在性が形成された。この二つの潜在性がはげしく現実化したのが現代である。

いまや、書物によって視野を拡大し、変りゆく世界に豊かに対応しようとする強い要求を私たちは抑えることができない。この要求にこたえる義務を、今日の書物は背負っている。だが、その義務は、たんに専門的知識の通俗化をはかることによって果たされるものでもなく、通俗的好奇心にうったえて、いたずらに発行部数の巨大さを誇ることによって果たされるものでもない。現代を真摯に生きようとする読者に、真に知るに価いする知識だけを選びだして提供すること、これが中公新書の最大の目標である。

私たちは、知識として錯覚しているものによってしばしば動かされ、裏切られる。私たちは、作為によってあたえられた知識のうえに生きることがあまりに多く、ゆるぎない事実を通して思索することがあまりにすくない。中公新書が、その一貫した特色として自らに課すものは、この事実のみの持つ無条件の説得力を発揮させることである。現代にあらたな意味を投げかけるべく待機している過去の歴史的事実もまた、中公新書によって数多く発掘されるであろう。

中公新書は、現代を自らの眼で見つめようとする、逞しい知的な読者の活力となることを欲している。

一九六二年一一月

中公新書

経済・経営

1936 アダム・スミス　堂目卓生
1465 市場社会の思想史　間宮陽介
1853 物語 現代経済学　根井雅弘
2008 市場主義のたそがれ　根井雅弘
1841 現代経済学の誕生　伊藤宣広
1896 日本の経済—歴史・現状・論点　伊藤　修
2024 グローバル化経済の転換点　中井浩之
726 幕末維新の経済人　坂本藤良
1527 金融工学の挑戦　今野　浩
2041 行動経済学　依田高典
1658 戦略的思考の技術　梶井厚志
1871 故事成語でわかる経済学のキーワード　梶井厚志
1824 経済学的思考のセンス　大竹文雄
2045 競争と公平感　大竹文雄
1893 不況のメカニズム　小野善康

1078 複合不況　宮崎義一
1586 公共事業の正しい考え方　井堀利宏
1434 国家の論理と企業の論理　寺島実郎
1657 地域再生の経済学　神野直彦
1737 経済再生は「現場」から始まる　山口義行
2021 マイクロファイナンス　菅　正広
1651 メガバンクの誤算　箭内　昇
2069 影の銀行　河村健吉
1941 サブプライム問題の正しい考え方　倉橋　透・小林正宏
2064 通貨で読み解く世界経済　小林正宏・中林伸一
1932 アメリカの経済政策　中尾武彦
2031 IMF(国際通貨基金)　大田英明
290 ルワンダ中央銀行総裁日記(増補版)　服部正也
1627 コーポレート・ガバナンス　田村達也
1784 コンプライアンスの考え方　浜辺陽一郎
1842 「失われた十年」は乗り越えられたか　下川浩一
1700 能力構築競争　藤本隆宏

1074 企業ドメインの戦略論　榊原清則
1789 組織を変える〈常識〉　遠田雄志

中公新書

経済・経営

g2

社会・生活

中公新書

教育・家庭

m1

1403 子ども観の近代　河原和枝
1588 子どもという価値　柏木惠子
1765 〈子育て法〉革命　品田知美
1300 父性の復権　林　道義
1497 母性の復権　林　道義
1675 家族の復権　林　道義
1630 父親力　正高信男
1952 父親―100の生き方　深谷昌志
1488 日本の教育改革　尾崎ムゲン
2004・2005 大学の誕生（上下）　天野郁夫
1631 大学は生まれ変われるか　喜多村和之
1764 世界の大学危機　潮木守一
829 児童虐待　池田由子
1643 学習障害（ＬＤ）　柘植雅義
1760 いい学校の選び方　吉田新一郎

1136 0歳児がことばを獲得するとき　正高信男
1583 子どもはことばをからだで覚える　正高信男
1882 声が生まれる　竹内敏晴
1559 子どもの食事　根岸宏邦
1484 変貌する子ども世界　本田和子
1249 大衆教育社会のゆくえ　苅谷剛彦
2006 教育と平等　苅谷剛彦
1704 教養主義の没落　竹内　洋
1884 女学校と女学生　稲垣恭子
1864 ミッション・スクール　佐藤八寿子
1955 学歴・階級・軍隊　高田里惠子
1065 人間形成の日米比較　恒吉僚子
1578 イギリスのいい子 日本のいい子　佐藤淑子
1984 日本の子どもと自尊心　佐藤淑子
416 ミュンヘンの小学生　子安美知子
797 私のミュンヘン日記　子安　文
2066 いじめとは何か　森田洋司

1350 ケンブリッジのカレッジ・ライフ　安部悦生
1732 アメリカの大学院で成功する方法　吉原真里
1970 外国人学校　朴　三石
1942 算数再入門　中山　理
2065 算数トレーニング　中山　理
986 数学流生き方の再発見　秋山　仁
1714 情報検索のスキル　三輪眞木子